다문화 쇼크

# 다문화 쇼크

발행일 ; 제1판 제1쇄 2022년 1월 24일
지은이 ; 김무인 발행인·편집인 ; 이연대
CCO ; 신기주 프린트 디렉터 ; 전찬우 에디터 ; 이현구
디자인 ; 김지연 지원 ; 유지혜 고문 ; 손현우
펴낸곳 ; ㈜스리체어스 _ 서울시 중구 한강대로 416 13층
전화 ; 02 396 6266  팩스 ; 070 8627 6266
이메일 ; hello@bookjournalism.com
홈페이지 ; www.bookjournalism.com
출판등록 ; 2014년 6월 25일 제300 2014 81호
ISBN ; 979 11 91652 46 8 03300

BOOK
JOURNALISM

# 다문화 쇼크

김무인

: 한국 사회는 고려인과 같이 재외 동포가 몇 세대 후에도 현지에서 한국 문화를 지키고 있는 것을 뿌듯해하지만 한국에 들어와 있는 이주자들이 그들 모국과 연결 고리를 유지하는 것에 대해서는 불편해한다. 다문화 교육을 통해서 이주민·다문화에 대한 국민 수용성을 개선하려는 한국 정부의 현 해결책은 숲 전체를 보지 못한 처사다. 문제는 글로벌 자본주의가 만든 구조다.

## 차례

5

프롤로그

위드 코로나 그리고
위드 이주자

## 프롤로그 ; 위드 코로나 그리고 위드 이주자

코로나19가 여전히 기승을 부리던 2021년 여름, 한 농부가 스스로 목숨을 끊었다. 방울토마토를 재배하던 농부는 데리고 있던 이주 노동자가 갑자기 잠적하면서, 수확해야 할 토마토가 비닐하우스에서 썩어가는 것을 지켜볼 수밖에 없는 상황에 극심한 스트레스를 받은 것으로 알려졌다. 코로나 사태 장기화로 인력이 부족해져 이들의 몸값이 높아지자 인력 중개 업체에서 고용허가제를 통해 입국한 외국인들마저 빼간 것이다. 이렇게 야반도주한 이주 노동자들은 불법 체류자가 되는 것을 감안하고서라도 더 높은 임금을 주는 곳으로 떠났다. 심지어 이런 일이 비일비재하다고 한다. 농부의 죽음은 판데믹 탓에 급감한 이주 노동자들을 확보하려는 한국 농가와 브로커 간 경쟁이 불러온 비극이다.

한국 정부는 이 문제를 인식하고 있었다는 듯, 지난 2021년 4월 국내 체류 이주 노동자 체류 기간을 2021년 말까지 연장한다고 발표했다. 더불어 중장기적 대책으로 백신 접종 추이를 봐 가면서 단계적 일상 회복으로 방역 체계를 전환한다고 발표했다. '위드 코로나' 시대의 도래이다. 코로나는 이처럼 한국 사회에 자신과의 공존을 요구했을 뿐만 아니라, 이주 노동자가 한국 사회의 상수가 되어 있음을 잊지 말라고 대신 경고했다. '위드 이주자' 시대의 도래이다.

더 나아가 코로나는 한국 내 이주 노동자의 계층성 그리고 이에 대응하는 한국 정부의 차별성을 드러내 보였다. 지난 2021년 3월, 서울시와 경기도는 지역 내 외국인 노동자를 상대로 코로나 검사 의무화 행정 명령을 내렸다. 그러나 주한 영국 대사관, 독일 대사관 그리고 유럽 연합EU 대표부의 항의를 받고 서울시는 이틀 만에 행정 명령을 철회했다. 반면, 경기도는 도내 34만 8000여 명 이주 노동자를 대상으로 검사를 강행했다. 두 지방 정부 간 이러한 차이는 왜, 어떻게 발생했고 또 가능할 수 있었을까?

우리는 어렵지 않게 경기도 이주 노동자 중 영국과 독일을 포함한 EU 국가 출신의 '백인 노동자'가 거의 없을 것이라고 짐작할 수 있다. 선진국과 저개발국 간 국력의 계층성, 백인과 유색인 간 인종의 계층성 그리고 화이트칼라와 블루칼라 간 노동의 계층성을 상징적으로 보여 주는 듯하다. 여의도 고층 빌딩 사무실에서 뉴욕 증시 현황을 보고 있을 백인 노동자는 비자 카테고리도 경기도 공장에서 일하는 유색 인종 노동자와 다르다. 이들은 전문 인력 카테고리에 속하지만 경기도 유색 인종 노동자는 단순기능 인력에 속한다. 이들을 향한 호칭도 다르다. 경기도 유색 인종 노동자는 외국인 근로자foreign worker 혹은 외국인 노동자라고 불리지만, 서울의 백인 노동자는 자신들이 엑스팻expatriates으로 불리길 원한다.

용어의 차이에서 알 수 있듯, 여전히 한국 사회는 외국인으로서 서구의 백인을 선호한다. 사실, 한국 사회의 백인 외국인 페티시즘은 코로나 이전부터 존재하는 현상이다. 이는 미디어에서도 어렵지 않게 발견할 수 있다. 2015년, KBS는 출연자 대부분이 동남아 출신 결혼 이주 여성으로, 그들의 한국 정착 과정을 보여 주던 프로그램 〈러브 인 아시아〉를 폐지했다. 대신 그 자리를 〈이웃집 찰스〉라는 제목을 가진 프로그램으로 대체했다. '응우옌'이 이사 가고 '차알스'가 옆집에 온 것이다. 하지만 우리 옆집에 찰스가 이사 올 확률은 응우옌이 이사 올 확률보다 훨씬 적다.

2021년 4월 기준, 한국에 체류 혹은 거주 중인 외국인 199만 228명 가운데 조선족을 포함한 중국, 베트남, 태국 출신 이주자들이 전체의 63퍼센트를 차지하는 반면, 미국 출신은 7.3퍼센트에 불과하다. 결혼 이주자만을 보아도 2020년 기준, 총 16만 8594명 중 베트남이 4만 4058명인데 반해 미국은 4312명에 불과하다. 10분의 1에도 못 미치는 수치다. 한국의 다문화·다인종화를 좀 더 긍정적으로 그리고 싶은 국영방송 KBS의 고심이 읽히는 대목이다.

한국 정부의 이런 고심은 2021년 8월 아프간 난민 수용 과정에서도 여실히 드러났다. 이번에 입국한 아프간인들은 '전화戰禍 따위를 피하여 다른 나라나 지방으로 가는 피난민 또는 망명자'를 의미하는 난민의 정의에 일치하는 그룹이다. 그럼에도 한국 정부는 이들을 위해 '특별 기여자'라는 호칭을 만듦과 더불어, 이를 뒷받침하기 위해 출입국관리법 시행령까지 개정하였다. 난민·망명을 포함한 저소득 국가 출신 이민자, 특히 무슬림에 대한 한국 원주민의 수용성receptiveness을 의식한 행보다.

이들을 난민으로 규정할 경우 정부는 원주민의 관용에 호소하는 수세적 전략을 취해야 한다. 그러나 특별 기여자로 규정하면 우리를 도와준 사람들에 대한 보답이라는 '도덕적 책무' 형식이 되어 원주민을 상대로 선제적이고 공세적 전략을 취할 수 있게 된다. 따라서 이들 수용 과정에서 발생할 수 있는 사회적 파열음을 사전 예방 혹은 최소화하려는 전략적 기대가 그 배후에 있다고 볼 수 있다.

지금까지의 사례들은 2021년 한국 사회에서 외국인 이주자를 둘러싸고 일어난 사건 중 일부이다. 한 농부를 죽음으로까지 몰고 갔을 정도로 이주 노동자에 절대적으로 의존하는 한국 농촌의 현실, 단순기능 인력 카테고리에 속하는 비非백인 이주 노동자에 대한 한국 사회의 차별적 대우, 그리고 이민자의 실체를 가능한 한 잘 포장하여 원주민 사회 구성원들이 딴죽 걸지 않기를 기도하는 한국 정부. 깊게 생각하지 않아도 금방이라도 터질 듯, 불안한 상태다. 게다가 기어이 이 불편한 상황들이 뭔가 엇박자가 나며 내부적 파열음이 감지되고 있다.

여기서 우리가 주목해야 할 것은 이런 엇박자가 한국에만 국한된 것이 아닌, 이주자를 받아들이는 모든 국가에서 발생하는 세계적 현상이란 점이다. 마찬가지로, 내부적 파열음의 근원은 국내에만 존재하는 것이 아닌, 전 세계에 걸쳐 작동하는 글로벌 시스템이다. 따라서, 위에서 언급된 사례들을 우리가 사회적 문제의 징후로 인식하고 그 해결을 모색할 경우, 그 과정은 어쩌면 우리의 상상을 뛰어넘는 '세계적 차원의 근본적 변혁'이 될 수도 있다. 다문화 교육을 통해서 이주민·다문화에 대한 국민 수용성을 개선하려는 한국 정부의 현 해결책은 숲 전체를 보지 못한 처사다. 이는 필연적으로 일부 나무에 대한 미봉적 치료로 끝날 수밖에 없을 것이다. 이 글은 한국 사회의 다문화라는 숲에 대한 조감도적 이해, 그리고 그 이해에 기반하여 파열음의 근본적 해결책을 탐구하고자 한 시도이다.

# 1

다문화 현상을
바라보기 위한 키워드

## 서는 데가 바뀌면 풍경도 달라진다

꽤 오래전에 뉴질랜드로 이민 온 내가 굳이 한국 사회의 다문화 현상을 글로 다뤄야겠다고 생각한 것은 10여 년 전 어느 사건 덕분이다. 2010년대 초 한국을 방문했을 때, 대전 근교에서 동남아 출신으로 보이는 이주 노동자와 마주쳤는데, 그가 나를 바라보던 눈빛을 아직도 잊을 수 없다. 한국 원주민이라면 아무렇지 않게 넘길 흔하디흔한 풍경이 나에겐 강렬한 인상으로 다가왔다. 그 이주 노동자의 눈빛에서 뉴질랜드에 처음 이민 왔을 때 백인 원주민을 바라보던 나의 눈빛을 읽었기 때문이다. 그것은 소수가 다수를 바라볼 때의 눈빛이었다. 이 경험은 나로 하여금 소수이면서도 다수일 수 있는 내 이중 정체성을 돌연 자각하게 했다. 뉴질랜드 백인 속에 있을 때는 스스로 의식하든 안 하든 위축된 소수였지만, 한국에 온 순간 나는 그럴 필요가 없는 다수가 된 것이다. 소수이자 다수로서의 이중 정체성 경험은 많은 한국 원주민이 보지 못했거나 간과했을 다문화 현상에 있어, '나는 다른 풍경을 볼 수도 있겠다'는 기대를 하게 했다.

서 있는 곳이 변함에 따라 달리 보이는 풍경은 다양한 공간과 차원에 걸쳐 펼쳐진다. 가까운 주변부터 살펴보자면, 많은 뉴질랜드 교민은 교민 수 증가를 위해 뉴질랜드 영주권 신청 시 영어 시험 조항이 없어지거나 대폭 완화되기를 원한다. 하지만 외국인이 한국에 귀화할 때 치르는, 원주민도 혀를 내두를 정도의 한국어 시험 난이도는 당연하게 여길지 모른다. 나는 시민권 선서식 때 뉴질랜드 국가를 다 외우지 못해 후반부에는 입만 벙긋거렸으면서도, 한국 국적 취득을 희망하는 외국인이 세 명의 면접관 앞에서 애국가 시험을 치러야 한다는 사실에는 별로 개의치 않는 듯하다. 나 자신도 이민자이지만 '뉴질랜드에서 일정 기간 유학하면 정부가 영주권을 보장하라'는 일부 인도 출신 이민 희망자들의 요구에 대해선 어째서인지 미간을 찌푸리게 된다.

이민자 그룹 차원으로 대상을 좀 더 확대하면, 많은 경우 한국에는 동남아에서 온 신부 혹은 노동자를 내려다보는 사회적 시선이 있다. 2020년 12월 기준 한국에는 1만 1500명의 결혼 이주 여성과 1만 9719명의 단순기능 인력 이주 노동자를 포함해 총 4만 9800명의 필리핀 이주자가 있다. 이들 역시 이 시선에서 자유롭지 못할 것이다. 하지만 무대를 뉴질랜드로 옮기면 다른 풍경이 펼쳐진다. 뉴질랜드에 거주하는 한국인(국적이 아니라 에스니시티[1] 기준)은 3만 5664명인데 반해, 필리핀 사람들Filipinos은 7만 2612명이다.[2] 뉴질랜드의 한국인은 필리핀 이민자의 절반에도 못 미치는 상대적 소수다. 더 나아가, 필리핀 이민자의 중위 소득median income은 3만 7600달러인데 반해 한국인은 2만 달러에 불과하다. 뉴질랜드에서는 필리핀 사람들이 한국 사람들을 내려다봐도 별로 할 말이 없는 상황이다.

불법 체류자를 바라보는 우리의 시각 역시 모순적 풍경으로 다가올 수 있다. 2020년 12월 기준, 한국에는 약 39만 명의 불법 체류자가 있다. 한국 정부가 이들을 합법화해 정주를 허락하려 한다면 한국 사회는 어떤 반응을 보일까? 한편 지난 2월, 미국 민주당은 1100만 명에 달하는 미국 불법 체류자가 세금 납부 등의 조건을 충족한다면 5년 뒤 영주권 신청 그리고 8년 뒤 시민권 신청을 할 수 있게 하는 법안을 공개했다. 만약 이 법안이 통과되면 미국 내 한국인 불법 체류자 16만 명도 그 혜택을 보게 된다. 미국에 불법 체류자 가족 혹은 친척을 두고 있는 사람은 미국 정부의 이 불법 체류자 정주화 조치에는 환호를 보내지만, 한국 정부의 한국 내 불법 체류자 정주 허용에 대해서는 극력으로 반대할지도 모른다.

무대를 정부 차원으로 옮겨 보자. 1990년 유엔 총회는 '모든 이주 노동자와 그 가족의 권리 보호에 관한 국제 협약 International Convention on the Protection of the Rights of All Migrant Workers and Members of their Families', 줄여서, '이주 노동자 권리 협약'을 채택했다. 이주 노동자의 제반 권리 보호를 목적으로 한 이 협약은 2019년 12월 기준, 55개국만 비준했다. 한국을 포함해 인권을 중요시한다는 서구 국가는 단 한 국가도 비준하지 않았다.

이들이 비준하지 않은 가장 큰 이유는 이들 국가는 이주 노동자를 받아들이는 수용국이기 때문이다.

이 협약을 비준한 국가는 대부분 이주 노동자 송출국이다. 이들 국가에겐 자국 노동자들이 외국에서 임금을 포함하여 정당한 대우를 받으며 근무하는 것은 자국의 사회 경제적 안정과 발전에 필수적이기 때문이다. 주목해야 할 건 이 협약을 비준한 국가 중 일부는 자국 노동자를 외국에 송출하기도 하지만, 송출 규모만큼은 아니어도 외국 노동자를 자국에 수용하기도 한다는 것이다. 인도네시아도 그중 하나이다. 그런데 인력 송출 국가로서 인도네시아는 이 이주 노동자 협약의 준수를 촉구하면서도, 자국 내 외국인 노동자의 권리 보호는 외면하고 있다. 송출 국가와 수용 국가라는 야누스의 얼굴을 보이는 것이다.

서 있는 곳을 달리하면 이처럼 안 보였거나 지나쳤던 풍경이 보일 뿐만 아니라, 우리 안의 이중 잣대도 드러난다. 예를 들어, 한국 사회는 고려인과 같은 재외 동포가 몇 세대 후에도 현지에서 한국 문화를 지키고 있는 것을 뿌듯해한다. 그러나 한국에 들어와 있는 이주자들이 그들 모국과 연결 고리를 유지하는 것에 대해서는 불편해한다. "한국에 왔으면 한국 사람으로 살아야지" 같은 훈수가 대표적 예다. 이민 관련 이슈들을 이해하기 위해서는 이처럼 입장을 바꿔 생각해 보는 것이 필요하다. 단순히 원주민 다수가 소수 이주자 입장에서 볼 필요가 있다는 의미만은 아니다. 소수 이주자도 다수 원주민 입장에 서 보는 것이 필요하다. 역지사지에 기반한 입체적 접근은 가령 정부의 악마화, 이민 인권 단체의 천사화 그리고 이주자의 피해자화와 같이 우리의 이해가 도식적이고 일방적으로 흐르는 것을 막아 준다. 그렇게 되면 이민을 둘러싼 각 주체는 절대 선으로도 절대 악으로도 치부될 수 없다는 결론에 도달할 것이다.

나아가 이러한 접근은 이민을 둘러싼 모순적 상황과 사회적 파열음의 근본 원인을 생각하게 한다. 즉, '이민을 둘러싼 사회적 갈등의 피해자는 출신 국가와 관계없이 왜 항상 사회적 약자인가'라는 질문을 던질 수 있을 것이다. 열악한 주거·노동 환경에서도 자신이 보내 줄 돈을 기다릴 가족을 위해 힘을 내어 버티는 이주 노동자, 밑으로 썩은 물이 흐르는 수상 가옥에서 태어나 빈곤 탈출을 위해 결혼 이주를 택한 여성, 저임금 이주 노동자에 구조적으로 의존할 수밖에 없는 한국 농어촌 영세 자영업자들, 주위에 포진한 불법 체류자들 탓에 고용주로부터의 해고 위협 혹은 임금 동결을 상시로 감수해야 하는 비정규직 한국 원주민 노동자 등 예로 들 것은 많다. 이 질문에 대한 답을 하는 과정은 갈등의 현장으로부터 한 발짝 물러난 곳에서 갈등의 근본 원인을 제공한 보이지 않는 손을 찾는 과정이기도 하다. 다만, 이 손은 쉽게 눈에 띄지 않는 까닭에 우리는 '사회학적 상상력'을 발휘할 필요가 있다.

사회학적 상상력 발휘에 필요한 수단이 있다. 우리의 상상력 전개를 도와주고 정리해 줄 인식의 틀이다. 한국 사회뿐만 아니라 전 세계적으로 진행 중인 소위 다문화 현상을 이해하는 효과적인 인식 틀로 나는 '에스니시티ethnicity' 개념을 강력 추천한다.

## 문화도 인종도 아닌 에스니시티

'미투 운동'에는 두 종류가 있다. 하나는 우리에게 익숙한 #MeToo이고 다른 하나는 #MeTwo인데, 이 중에서 후자 미투가 지금부터 설명하고자 하는 에스니시티의 실례實例가 될 수 있다. #MeTwo는 2018 러시아 월드컵 당시 독일 축구 대표팀 선수였던 메수트 외질Mesut Özil에서 비롯되었다. 할아버지가 터키 출신 이주 노동자Gastarbeiter·guest worker인 외질은 독일 내 터키 이민 3세대에 해당한다. 이전에 열린 2014 브라질 월드컵에서 우승했던 독일팀이지만, 러시아 월드컵에서 졸전 끝에 탈락하자 그를 포함한 대표팀은 국민적 지탄의 대상이 됐다.

이런 상황에서 그가 월드컵 직전, 독재자로 비판받는 터키 대통령 레제프 타이이프 에르도안Recep Tayyip Erdoğan과 함께 사진 찍은 것이 문제시되며, '그를 고향으로 추방하라'는 인종 차별적 구호까지 등장하게 된다. 그러자 외질은 이런 환경에서는 독일 대표팀을 위해 뛸 수 없다며 은퇴를 선언했다. 다음은 그가 은퇴 선언과 함께 남긴 말이다. "내 심장은 두 개다. 하나는 독일인의 심장, 하나는 터키인의 심장이다.", "나는 대표팀 경기에서 이겼을 때만 독일인이었고, 졌을 때는 철저히 이민자 취급을 받았다."

외질의 이 말은 에스니시티를 구성하는 두 핵심 개념인 '인종'과 '문화'의 동태적 관계를 잘 보여 준다. 에스니시티라는 개념에 대한 정의를 일단 살펴보자. 위키피디아에서는 "에스닉 그룹ethnic group 혹은 에스니시티는 그들을 다른 그룹과 차별화하는 특성들의 공유에 기반을 둔 서로 동일시하는 사람들의 모임"[3]이라고 정의한다. 가령 전통, 조상, 언어, 역사, 사회, 문화, 민족, 종교 혹은 거주 지역 내 사회적 대우 등이다. 너무 많은 특성이 나열되어 감을 잡기 쉽지 않다. 차라리 옥스포드 사전의 간단한 정의가 머리에 들어온다. "The quality or fact of belonging to a population group or subgroup made up of people who share a common cultural background or descent." 즉, 공통된 문화적 배경 혹은 혈통을 가진 사람들로 구성된 인구 그룹 혹은 하위 그룹에 귀속되는 특성 혹은 사실이라는 의미다.

옥스포드 사전의 정의에서 주목할 점은 문화적 배경과 혈통이 '혹은or'으로 연결되었다는 것이다. 나는 이 '혹은'이라는 표현에 주목하며 에스니시티를 '선천적 인종'과 '후천적 문화'의 혼종으로 정의한다. 더 간단히 줄이자면, 인종과 문화의 혼종이다. 여기서 말하는 선천적 인종은 생물학적 개념으로서의 인종race이 아니라 본인의 의지와 관계없이 자신에게 주어진 선천적 특성을 일컫는 상징적 개념이다. 외모나 피부색 같은 신체적 특성뿐만 아니라 가정 환경에 내재한 성향들도 포함한다.

후천적 문화는 혈연과 가정 환경 등으로부터 주어진 특성이 아니라 개인이 성장하며 외부 사회와 교류를 통해 습득하는 후천적 특성을 일컫는다. 이 인종과 문화는 한 선분line segment의 양 끝점에 해당하며 에스니시티는 이 선분의 중간 어느 지점쯤 위치하게 된다. 주목해야 할 것은 한 개인 혹은 그룹의 에스니시티는 이 인종과 문화를 양 끝점으로 하는 선분의 정가운데에만 위치하지는 않는다는 점이다.

개인과 그룹의 에스니시티는 시대적 맥락, 사회적 상황에 따라 자발적으로 혹은 강압적으로 인종과 문화의 양 끝점 중 어느 한쪽으로 치우친 지점에 놓이게 된다. 앞에서 언급한 외질은 인종적으로는 터키인이며 문화적으로는 독일인이다. 터키 부모로부터 외모와 종교를 물려받았으며, 독일에서 학교를 다니고 클럽 축구를 하면서 독일 문화를 받아들였다. 그가 외친 "내 심장은 두 개다. 하나는 독일인의 심장, 하나는 터키인의 심장이다."라는 말에서 독일인의 심장은 문화적 심장이며 터키인의 심장은 인종적 심장이다.

이 두 심장의 공존을 염원하는 이민 3세대 외질이지만, 인종적 모국인 터키와의 연결 고리가 경기 패배라는 상황과 맞물리며 독일 원주민 사회는 외질의 에스니시티 위치를 선분의 인종 끝점으로 몰아붙였다. 외질이 "나는 대표팀 경기에서 이겼을 때만 독일인이었고, 졌을 때는 철저히 이민자 취급을 받았다."라고 외친 배경이다. 그의 에스닉 정체성ethnic identity에 대해 소위 '인종화racialisation'가 이루어진 것이다. 개인의 에스니시티는 후천적 문화 요소와 선천적 인종 요소가 모여 구성되는데, 이 경우 문화적 특성은 본인의 의지와 관계없이 배제된 채 인종적 특성만 부정적으로 스테레오 타입화되어 강조된다. 이것이 인종화다.

우리 모두는 에스니시티에 관한 한 그 선분의 어느 한 지점에 위치할 수밖에 없다. 한국인, 일본인 부모 아래 일본에서 태어나고 자란 혼혈은 많은 경우 인종보다 문화 쪽에 치우치는 에스니시티를 가진다. 같은 외모 덕분에 인종 쪽 정체성을 의식할 필요 없이 문화로 자신의 정체성을 규정하는 경우다. 비슷한 예는 하와이에서도 찾을 수 있다. 인구 140만의 하와이는 약 4분의 1이 혼혈 인구이며 기혼자 절반가량이 다른 인종·에스닉 그룹 출신 배우자를 갖고 있다. 더 나아가 규모가 가장 큰 인종 그룹은 백인(26.7퍼센트)이 아니라 아시안(37.3퍼센트)이다.

이런 요소들이 어우러져 하와이 거주민의 에스닉 정체성은 인종 쪽이 아니라 문화 쪽으로 치우친다. 외모로 출신을 따지기 힘든 환경 덕분이다. 하지만 만약 하와이 혼혈이 미국 본토로 들어가면 미국 본토의 스테레오 타입화된 인종 카테고리에 편입된다. 그리고 그 편입 과정은 흑백 혼혈이 흑인으로 분류되는 것처럼 소위 사회적 열등 인종 카테고리에 분류된다. 인종화의 또 다른 예다.

에스닉 정체성에 있어 인종과 문화 간 다이내믹은 내가 사는 뉴질랜드에서도 어렵지 않게 발견할 수 있다. 한국인이 별로 없는 도시에서 태어나고 성장한 어느 한인 2세대는 한국인 정체성에 크게 신경 쓰지 않는 부모 덕분에 언어를 포함한 한국적 문화를 물려받지 않았다. 그런 그는 대학에서 법을 공부하고, 같은 과 백인 여학생과 결혼하여, 주류 대형 로펌에서 일하며 잘살고 있다. 그는 에스니시티 선분에서 아시안이라는 인종 끝점에서 완전히 멀어져 파케하(Pakeha, 뉴질랜드 백인) 문화 끝점에 거의 밀착해 있다. 이처럼 그의 아내와 처가를 포함해 내부적으로는 파케하 문화가 그의 주 에스닉 정체성이지만, 길거리로 나가면 그는 그저 한 명의 아시안이라는 인종적 정체성으로 전환된다. 사람들은 그가 누구인지를 모르기 때문이다. 또 다른 형식의 인종화다.

뉴질랜드에서의 또 다른 예는 남태평양 출신 이민자들이 될 수 있다. 오클랜드에 모여 사는 이들의 이전 세대는 1960~1970년대 뉴질랜드가 제조업 인력 부족을 겪을 당시 정부가 들여온 그룹이다. 1970년대 이후 제조업이 쇠퇴하면서 이들도 역시 필요가 없어졌다. 이들은 체류 기간을 넘긴 불법 체류자로 전락했으며 뉴질랜드 사회의 안정을 위협하는 암적 존재로서 추방해야 할 인종이 되었다. 이들에 대한 인종화는 2021년 현재도 진행 중이다. 이들은 여전히 단순노동직과 3D 업종에서만 일할 것을 기대받는 인종화 질곡에서 벗어나지 못하고 있다.

이처럼 에스닉 정체성을 논할 때 우리는 이 인종과 문화의 다이내믹을 반드시 이해해야 한다. 우리가 한국의 다문화 현상을 논할 때 빠뜨릴 수 없는 '누가 한국인인가?'라는 질문에 대한 답도 이 인종과 문화의 다이내믹을 통해 실마리를 찾을 수 있다.


## 누가 한국인인가

전남 강진군 병영면의 지역 문화재는 한국 전쟁 중에도 피해를 보지 않았는데, 이를 막은 주역은 조선 시대 이민자 후손으로 알려졌다. 전쟁 당시, 북한 조선인민군 예하 육군 사령관이었던 남일은 자신의 조상이 살던 곳이자 자신도 잠시 머물렀던 곳이라는 이유로 강진에 피해를 주지 말라고 지시한 것으로 알려졌다. 남일은 17세기 효종 때 우리에게 잘 알려진 하멜 일행 중 강진에 정착한 네덜란드 사람의 후손으로 알려졌다. 1950년 당시 한국 남자 평균 키가 160센티미터 언저리였을 때 남일의 키는 182센티미터였으며, 1976년 의문의 교통사도 그의 외모를 질투한 김정일의 암살이라는 설이 나돌 정도로 이국적 미남이었다. 남일의 경우처럼, 한반도에 거주하고 있는 소위 '한국인'들은 그렇게 순수한 단일 민족이 아닐 수 있다. 현재 이러한 인식은 과거보다 많이 한국 사회에 자리 잡은 듯하다.

최근에 본 한 유튜브 콘텐츠[4]는 한국인의 생물학적 순혈주의를 반박하는 증거 차원을 넘어, 인종적으로 누가 오리지널 한국인인가라는 질문을 우리에게 던진다. 이 콘텐츠를 올린 사람은 인도 쪽 혼혈을 즉각 연상케 하는 외모를 가졌다. 본인도 말하길 자신의 몸속에 외국인 조상 피가 흐르는 것은 분명해 보이는데, 과연 어느 쪽 외국인 조상인지 궁금해서 유전자 혈통 분석 검사를 해보았다고 한다. 결과에 당사자 스스로도 크게 놀랄만 했다. 나 역시 한 번도 본 적 없는 100퍼센트 한국인이었기 때문이다. 전형적인 한국인이라고 생각할만한 얼굴을 가진 사람도, 많은 경우 한국인 조상 유전자가 60~70퍼센트임을 감안할 때 신선한 충격이었다. 이와 비슷한 유형의 검사는 많고, 결과의 신뢰도는 여전히 의문으로 남을지라도, 위 사례는 우리에게 한국인다운 얼굴은 과연 어떤 얼굴이냐는 근본적 궁금증을 가지게 한다. 인종으로서 '한국인다움Koreaness'은 무엇인가?

20세기 말부터 본격적으로 시작된 외국인 유입으로 2015년 기준, 한국 성씨는 5582개로 급증했는데, 이전부터 한반도에 외래 이주자들이 정착했다는 증거들은 많다. 조선 성종 때《동국여지승람》에 기록된 성씨 277개 중 절반에 가까운 130여 개가 귀화 성씨이다. 이들 외국계는 현재와 비슷하게 중국, 몽골, 베트남 그리고 일본 등으로 구성되어 있다. 213명의 한국인 DNA를 분석한 한 연구에 따르면, 14.5퍼센트의 한국인은 남태평양계의 유전적 형질을 가지고 있다.[5] 해부학에 기반을 둔 다른 연구[6]에 따르면, 약 20퍼센트의 한국인은 남아시아인의 외형적 특질을 가지고 있다.

순혈주의 신화를 다문화 정책 추진의 걸림돌로 인식하는 정부 차원에서도, 세계화 조류 속에서 우물 안 개구리식 '국뽕' 혈연 민족주의를 반대하는 시민 사회 차원에서도, 순혈주의 도그마를 벗어나려는 움직임은 감지되고 있다. 하지만 인종적 한국인 정체성의 외연 확대가 과연 에스닉 정체성의 축을 문화 쪽으로 밀고 갈 수 있을지는 의문이다.

KBS의 2019년 다큐멘터리 〈10년 후 동창생〉에 등장하는 노만 남매의 이야기는 문화에 방점을 찍은 에스닉 한국인에 대해 생각하게 한다. 유튜브에도 올라온 이 다큐는 2021년 11월 기준으로, 조회 수 125만을 넘겼다. 2000년, 파키스탄인 부모를 따라 네 살 때 한국에 온 후, 한국에서 16년을 보낸 노만과 아예 한국에서 태어나 10대 초반까지 한국에서 성장한 그의 여동생들에 관한 이야기다. 비자 연장이 안 된 부모는 파키스탄으로 먼저 출국했지만, 노만과 여동생들은 주변의 탄원으로 노만이 고등학교를 마칠 때까지 한국에 체류할 수 있었다. 하지만 그 이후의 체류를 한국 정부가 허락하지 않아 2016년 언어도 문화도 종교도 다른 파키스탄으로 돌아가야만 했다. 태어나면서부터 한국 사회만 보고 자라 자신을 한국인이라고 생각하는 막내 여동생이 언니에게 "조용히 해, 돼지야!"라고 한국말로 장난치는 모습이 다큐에 고스란히 전해진다. 이들을 보면서 드는 궁금증이 있다. 만약 이 남매가 한국에 다시 돌아올 수 있다면 한국 사회는 이들을 한국인으로 받아들일까? 노만 남매와 같이 이질적 인종이지만 문화적 한국인에 대한 한국 사회의 수용성은 21세기 다문화 한국 사회의 큰 화두로 보인다.

## 다문화라는 단어

노만 남매는 한국인 피가 한 방울도 섞이지 않은 말 그대로 생짜 외국인이다. 그럼에도 유튜브 댓글을 통해 많은 한국 원주민은 "저런 애들이 한국인이 아니면 누가 한국인이냐?"라며 문화적 정체성을 인종적 정체성에 우선시하는 태도를 보인다. 반면, 다문화 가정의 자녀는 한국 원주민 배우자와 결혼 이주자 사이에서 태어나고 한국에서 자랐다. 따라서 문화적 정체성은 원주민 정체성과 동일할 가능성이 크다. 게다가 그들은 혈연적으로 즉, 인종적으로도 반은 한국인이다. 노만 남매보다 같은 한국인으로 인정하고 수용하기에 훨씬 유리한 조건을 일단 갖춘 셈이다. 그렇다면 한국 사회는 이들 다문화 가정 자녀를 보듬어 안아 주고 있을까?

2019년 기준, 다문화 가정 고등학생 자녀의 20퍼센트는 학교생활 부적응으로 중도에 학업을 포기하는 것으로 알려졌다. 공교육에 적응하지 못하는 다문화 가정 자녀를 위한 '다문화 대안 학교'가 별도로 있을 정도다. 사실 노만 남매도 파키스탄에 돌아가야 했던 사연 덕분에 많은 동정을 받았을 뿐이지, 한국에 있었을 때는 대안학교를 다녔다. 그들도 한국 주류 교육 시스템에서 소외되어 있었다는 의미이다. 따라서 다시 한국에 돌아와도 그들이 한국 주류 사회에 편입하고 한국 사회가 그들을 원만히 받아들인다는 보장은 없는 셈이다.

왜 이런 불친절한 상황에 수많은 다문화 가정 자녀와 다른 에스닉 그룹 자녀가 놓이는 것일까? 이 의문을 해결하기 위해서 우리는 한국 정부의 다문화 정책을 둘러싼 문화와 인종의 다이내믹을 이해할 필요가 있다.

한국 사회에서 거론되는 다문화 정책multicultural policy 혹은 다문화주의multiculturalism는 과연 무엇을 의미할까. 한국 정부는 2006년 '결혼 이민자 가족의 사회 통합 지원대책' 발표를 기점으로 본격적인 다문화 정책을 시행했다. 정책에 관심을 두지 않은 채 다문화라는 용어를 들은 많은 한국인은 어쩌면 다문화를 백화점 식당가에 나란히 진열된 각국 음식처럼 생각했을지 모른다. 똠양꿍을 먹을까, 쌀국수를 먹을까, 아니면 스시를 먹을까를 고민하는 것처럼 축복해야 할 '다양성diversity'으로 다가왔을지 모른다. 그렇다면 2021년 한국 사회의 다문화는 과연 다양한 문화가 수평적으로 공존하는 모습으로 구현되고 있을까?

이 질문의 답을 위해서는 짚고 넘어갈 두 가지가 있다. 첫째, 소위 다문화 사회multi-cultural society라는 것의 실체는 '다에스닉 사회multi-ethnic society'라는 것이다. 똠양꿍이 서울 백화점 식당가에 들어올 때 서산 농촌 비닐하우스에서 일하는 '쏨차이'도 들어왔으며, 쌀국수는 파주 주물 공장에서 일하는 '응우옌'과 같이 들어왔다. 문화와 인종이 함께 들어온 것이다.

이처럼 문화와 인종적 요소를 다 갖춘 다른 에스닉 그룹과의 공존이 다문화의 실체이다. 그럼에도 한국을 포함한 서구에서 이를 다문화라고 호칭하는 것은 에스니시티의 인종 부분을 애써 가리고 싶은 위정자들의 의지가 반영된 것이다.

두 번째는 다문화주의 용어 자체다. 우리가 '~주의~ism'를 특정 개념에 붙이는 많은 경우는 이 개념을 규범적normative 이데올로기로 간주할 때이다. 이 대목에서 고개를 드는 의문은 '과연 다에스닉 사회가 단일에스닉mono-ethnic 사회보다 본질에서 더 바람직한가'이다. 그 대답은 의외로 명백할지도 모른다. 다양성이 단일성homogeneity보다 좋다는 명목하에 자발적으로 자국의 에스닉 구성을 다양화하려고 시도한 국가는 세계 역사상 없었다. 결국, 현재와 같은 다에스닉화는 국가의 자발적 의지의 결과물이 아니라, 뒤이어 논할 보이지 않는 손에 의해 이루어진 것이다. 현재의 다문화주의는 이미 다에스닉화된 사회에 대한 사후 관리 정책일 뿐이다.

이런 기본 인식 위에서 다문화에 대해 한국 원주민이 느끼는 불안감의 근원과 그 불안감의 공격적 표출 방식인 인종화를 이해할 수 있다. 한국 사회의 많은 원주민이 다문화라는 말을 들을 때 우려 섞인 긴장을 하는 것은 똠양꿍이나 쌀국수처럼 내가 원할 때만 찾을 수 있는 '다양한 문화' 때문이 아니다. 내 의지와 상관없이 어느 순간부터 나의 사회적 경제적 공간을 공유하기 시작한 '이질적 인종' 때문이다. 원주민의 이에 대한 경계심은 새로운 에스닉 이웃에 대한 인종화 형식으로 나타난다.

인종 자체는 가치 중립적이지만 인종화는 사회적 의미를 지닌다. 에스니시티의 양대 구성 요소인 문화와 인종에서 인종만을 부각하는 인종화는 필연적으로 새로운 에스닉 그룹을 '타자화otherization'한다. 그들은 '우리'가 아닌 것이다. 동남아 결혼 이주 여성을 지위 상승만을 노린 그룹으로 스테레오타입화하는 것도 인종화이다. 그들이 우리와 같은 인간으로서 어떤 꿈을 가지고 사는 지에는 관심이 없다. 그저 한국 남성과의 결혼으로 물질적 풍요를 기대하는 천박한 그룹으로 인종화한다.

이주 노동자에 대한 인종화는 한국 자본주의의 최저 계급에 최적화된 인종으로 이들을 고착화하는 형식이다. 당연히 수평적 이미지를 가진 다문화 용어와는 정반대의 위계성을 띤다. 이들을 한국에 오게 한 보이지 않는 손과 한국 정부, 그리고 이들의 등장에 불안감을 느낀 한국 원주민은 합심하여 이주 노동자를 인종화한다. 농어촌 그리고 소규모 제조업 현장 속 이주 노동자의 존재는 당연시 여겨짐과 동시에, 그들은 그 업종에서'만' 존재할 것을 기대한다. 그들은 최저 임금을 받는 3D 업종에 최적화된 인종으로 간주되어, 한국 사회와 한국 경제의 다른 영역으로 진출하려는 시도는 결코 환영받지 못할 것이라는 메시지를 계속 전달받는다. 결과적으로 이주 노동자는 특정 계급(업종·직종)에서만 일하고 그 계급은 이주 노동자의 것이라는 사회적 인식이 굳어진다. 인종과 계급이 결합된 '인종의 계급화' 그리고 '계급의 인종화'가 이주 노동자 인종화의 실체이다.

이어질 글은 앞선 논의를 기반으로, 한국 사회의 다에스닉화 현상을 글로벌 자본주의Global Capitalism(보이지 않는 손), 보편적 리버럴리즘Universal Liberalism 그리고 민족 국가Nation-state 간 복합적 충돌이라는 프레임으로 이해한 비판적 고찰이다. 고찰 순서는 다음과 같다. 국가 프로젝트로 유입된 결혼 이주자와 이주 노동자를 중심으로 한 외국인 현황과 정부 정책, 정부의 이민·이민자 정책에 대한 학계를 중심으로 한 비판, 다문화 자체를 반대하는 시민 사회 목소리, 다문화(다에스닉화) 현상에 대한 이론적 접근과 세계적 차원의 조명, 그리고 마지막은 대안적 다에스닉 사회에 대한 사회학적 상상력으로 마무리한다.

## 그들은 누구인가

2020년 12월 기준, 한국에는 203만 6075명의 외국인이 체류하고 있으며 이는 한국 전체 인구 5183만 명(2020년 11월 1일 기준)의 약 3.9퍼센트에 해당한다. 이 숫자는 코로나19로 2021년 4월 기준, 199만 228명으로 줄어들었다. 이들의 비자는 이 글의 주 논의 대상인 비전문 취업, 방문취업, 결혼 이민 비자부터 환승 목적 3일 체류 비자에 이르기까지 다양하다. 체류 자격별 현황은 다음 그래프와 같다. 1위를 차지한 재외 동포(22.9퍼센트)와 3위를 차지한 방문취업(7.6퍼센트)은 둘 다 외국 국적 동포를 대상으로 한 비자이다. 따라서 통계에 외국인으로 집계된 인구 중 다수는 에스니시티 측면에서 전형적 외국인이 아님을 인지할 필요가 있다. 이 글은 이 중, 중소기업 및 농어촌에서 흔히 볼 수 있는 비전문 취업(11.6퍼센트) 이주 노동자와 미디어에서도 자주 다루는 결혼 이민(6.6퍼센트) 그룹에 집중할 것이다. 국적별 현황을 보면 조선족을 포함한 중국 국적이 압도적으로 많다.

이 통계는 합법적 체류 자격을 가진 외국인을 대상으로 하는데, 이에 해당하지 않는 외국인들도 있다. 소위 '불법 체류자'이다. 이들 숫자는 39만 2196명(2020년 12월 기준)으로 합법적 체류 외국인 대비 비율(불법 체류율)은 19.3퍼센트다.

# 체류 자격별 구성 현황

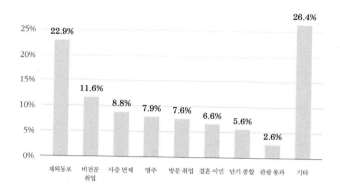

# 체류 외국인 국적 · 지구별 구성 현황

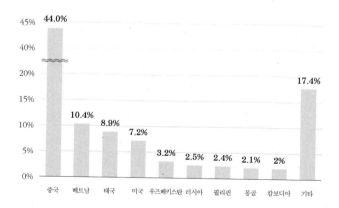

* 법무부 출입국

## 국가별 불법 체류 외국인 현황

| 구분 | 2016년 | 2017년 | 2018년 | 2019년 | 2020년 | 구성비 |
|------|--------|--------|--------|--------|--------|--------|
| 합계 | 208,971 | 251,041 | 355,126 | 390,281 | 392,196 | 100% |
| 태국 | 56,099 | 68,449 | 138,591 | 152,439 | 151,468 | 38.6% |
| 중국 | 55,831 | 62,827 | 71,070 | 70,536 | 63,549 | 16.2% |
| 베트남 | 27,862 | 31,691 | 42,056 | 58,686 | 66,046 | 16.8% |
| 몽골 | 10,146 | 12,719 | 15,919 | 17,510 | 17,006 | 4.3% |
| 필리핀 | 11,295 | 11,954 | 13,020 | 13,095 | 13,291 | 3.4% |

\* 법무부 출입국, 단위: 명

## 한국 국적을 취득한 자 현황

| 2018년 | | | 2019년 | | | 증감 비율 | | |
|--------|------|------|--------|------|------|------|------|------|
| 소계 | 남 | 여 | 소계 | 남 | 여 | 소계 | 남 | 여 |
| 176,915 | 36,657 | 140,258 | 185,728 | 37,684 | 148,044 | 8,813 | 1,027 | 7,786 |
| 구성비 | 20.7% | 79.3% | 구성비 | 20.3% | 79.7% | 5.0% | 2.8% | 5.6% |

\* 행정안전부, 단위: 명

사상 최고치다. 코로나19 탓에 체류 외국인의 절대 숫자가 줄어든 것도 이유 중 하나다. 불법 체류자 국적별 상위 5개국은 왼쪽과 같다. 태국이 압도적으로 많은 것이 눈에 띈다.

이들 불법 체류자를 포함하면 한국에 체류하는 외국인은 242만 8271명이 된다. 한국 전체 인구 대비 비율은 4.7퍼센트로 올라간다. 하지만 원주민이 체감하는 외국인 비율은 이보다 더 높을 것이다. 과거 외국 국적자였지만 한국 국적을 취득한 귀화자 18만 5728명(2019년 11월 기준)이 있기 때문이다. OECD 기준을 따르면 이민 배경을 가진 인구 비율이 5퍼센트를 넘으면 다인종·다문화 국가로 분류된다. 이들 귀화자를 포함할 경우, 총 261만 3999명이 되면서 한국 인구의 5퍼센트에 해당한다. 귀화자 현황은 왼쪽 아래와 같으며 결혼 이주 여성의 국적 취득으로 여성 비율이 압도적으로 높다.

앞선 대분류와 별개로 좀 더 구체적으로 살펴볼 필요가 있는 하위 그룹이 있다. 결혼 이주자 그룹이다. 비전문 취업 이주 노동자와 더불어 국가 프로젝트로 유입된 이 그룹은 사실상 한국 정부 다문화 정책의 유일한 대상이다. 2020년 12월 기준, 16만 8594명이 있으며 국적별 상위 5개국은 다음 장의 표와 같다.

중국(조선족 포함)과 베트남이 압도적이며 지리적으로 가까운 일본이 뒤를 잇는다. 일본의 결혼 이민자는 쉽게 상상

## 국적·성별 결혼 이민자 현황

| 구분 | 계<br>(명) | 구성 비율<br>(%) | 남자<br>(명) | 남자 비율<br>(%) | 여자<br>(명) | 여자 비율<br>(%) |
|---|---|---|---|---|---|---|
| 총합계 | 168,594 | 100 | 30,716 | 18.2 | 137,878 | 81.8 |
| 중국 | 60,702 | 35.6 | 13,823 | 23 | 46,249 | 77 |
| 베트남 | 44,058 | 26.1 | 3,195 | 7.3 | 40,863 | 92.7 |
| 일본 | 14,595 | 8.7 | 1,244 | 8.5 | 13,351 | 91.5 |
| 필리핀 | 12,002 | 7.1 | 503 | 4.2 | 11,499 | 95.8 |
| 태국 | 5,929 | 3.5 | 111 | 1.9 | 5,818 | 98.1 |

\* 법무부 출입국

할 수 있듯이 다른 동남아 국가와는 다른 결혼 배경을 가진다. 게다가 결혼 이민자가 아시아 국가 출신일 경우 '한국인 신랑, 아시안 신부' 패턴이 지배적이다. 반면, 서구 국가 출신일 경우 '한국인 신부, 서양 신랑'이 지배적 패턴이 된다.

마지막으로, 이번 아프간 난민 사태를 통해 다시 한번 뜨거운 감자임이 확인된 난민 숫자를 확인해 보면 다음과 같

**난민 업무 현황 및 난민 인정 심사(난민법 8조)**

| 구분 | 신청 | 난민 인정 심사 결정 | | | | 철회등 | 대기 |
|---|---|---|---|---|---|---|---|
| | | 소계 | 인정 | 인도적 체류 허가 | 불인정 | | |
| 전체 누적 (1994~ 2020) | 71,042 | 39,954 | 779 | 1,917 | 37,238 | 16,112 | |
| | | | | | | | 14,976 |
| 해당 연도 (2020) | 6,684 | 8,104 | 55 | 127 | 7,922 | 5,930 | |

\* 법무부 출입국, 단위: 건

다. 한국이 난민을 받아들이기 시작한 1994년부터 2020년까지 인도적 체류 허가[7]를 포함해 받은 난민은 총 2716명이다. 결코 많은 숫자라고 보긴 어렵다.

## 그들을 부른 것은 한국 사회다

그전까지 실질적으로 제로에 가까웠던 한국으로의 외국인 유입은 1970년대 급격한 산업화로 다른 국면을 맞는다. 한국 자본주의에 대규모 노동력이 필요해진 것이다. 다른 개발 도상국과 마찬가지로 이 노동력은 일차적으로 국내 농촌에서 충당되었다. 노동력의 국제 이주에 앞서 국내에서의 이주가 먼저 발생한 것이다. 1970년대 '공돌이', '공순이'는 우리가 현재 외노자라고 부르는 이주 노동자의 전신이자 국내 버전이다. 1980년대 중반, 한국 농촌은 인력풀pool이 고갈되고 노동력 부족을 어떻게 해결할 것이냐는 문제에 직면했다. 한국 기업들은 둘 중 하나를 선택해야 했다. 먼저 노동력을 찾아 공장 설비 등 생산 수단을 중국이나 동남아처럼 인건비가 싼 해외로 옮기는 방법이 있다. 하지만 서비스업, 건설업, 근교 농업처럼 생산 수단을 옮길 수 없거나, 소기업 등 경제적 타산성을 맞출 수 없는 기업들은 노동력을 해외로부터 들여오는 방법을 모색한다.

이런 기본적 동인 위에 1997년 IMF 사태를 계기로 한국 정부가 신자유주의 경제 체제를 수용하면서 현재와 같은 이주 노동자 유입과 이들의 한국 자본주의 편입 패턴이 형성된다. 신자유주의 경제 체제하에서 대기업과 중소기업의 수직적 하청 구조가 자리 잡게 된 것이다.[8] 이 하청 구조에서 대기업은 노동 집약적이고 생산성이 낮은 분야를 하청 중소기업으로 넘기는 한편, 자신들은 설계, 디자인, 유통 그리고 마케팅과 같은 고부가 가치 분야에 집중한다. 정부도 이를 뒷받침해 대기업 중심 개발 전략을 실행한다. 이전까지 전투적이었던 노조도 노사정 대화에 참여하여 구조 조정과 노동 시장 유연화라는 뼈를 내주고, 그들이 주축인 대기업 노동자의 노동 조건 개선이라는 살을 얻는다. 결과적으로 이 수직적 하청 구조와 노조의 구조적 변화는 중소기업 노동자에게 결코 우호적인 환경을 제공하지 않는다.

하청 업체가 된 중소기업은 공급가를 낮추라는 대기업의 압력에 노동자를 저임금으로 고용하고, 이를 위해 이주 노동자에게 의존하는 것을 구조화하게 된다. 노조가 사실상 대기업에 편중되면서 저임금과 열악한 노동 환경에 저항하는 중소기업 노동자의 투쟁은 찾기 힘들어졌다. 그 결과 대기업과 중소기업 노동자 간 임금 격차는 갈수록 벌어졌다. 단순 임금 격차는 2001년 4배 이상까지 차이가 났고, 1993년 2.3배 차이나던 대기업(300인 이상)과 중소기업 간 노동 인력 부족률은 2003년 4.8배까지 벌어졌다.

이런 임금 격차와 3D 근무 환경 탓에 외환 위기 이후 외국인 산업 연수생을 출국시키면서까지 원주민 고용을 촉진하려던 한국 정부의 시도는 실패한다. 이후, 노동력 부족을 일시적으로 채우기 위해 의도되었던(혹은 의도된 것처럼 보였던) 외국인 노동자 수입은 '구조적 저임금 유지'를 위한 수단으로 고착화되어 지금에 이르고 있다. 외국인 노동자 수입의 실체는 이러한데, 한국 정부와 일부 학계 그리고 미디어에 의해 '저출산'과 '고령화'로 인한 불가피한 선택으로 제시되어 그 본질이 가려지고 있다. 이는 앞으로도 외국인 노동자 수입이 계속될 것임을 시사한다.

한편, 한국 정부 다문화 정책의 대상인 결혼 이주자들

의 유입 역시 외국인 노동자 유입의 사회 경제적 배경과 연관되어 있다. 한국의 급격한 도시화와 산업화는 더 나은 사회 경제적 조건을 찾는 농어촌 여성의 도시 이주를 촉진했다. 그 결과 농어촌 남성은 자신의 거주 지역에서 배우자를 찾는 것이 힘들어졌다. 2007년 결혼한 농림어업 종사 남성 7730명 중 40퍼센트는 국제결혼을 했다.[9]

게다가 도시 빈민 남성도 그들의 낮은 소득 때문에 배우자 찾기가 힘들어졌다. 실제로 2005년 보건복지부 조사에 따르면, 국제결혼 가정의 53퍼센트는 최저 생계비에도 못 미치는 가족 수입을 기록하고 있다.[10] 마지막으로, 과거 남아 선호 경향으로 말미암은 성비 불균형이 외국인 신부 수입에 일조했다. 물론 출생 성비는 변해왔다. 여아 100명당 남아의 출생 수를 가리키는 말이 출생 성비인데, 2020년 현재 출생 성비는 104.9명으로 정상적 범주에 있으며 심지어 2029년에는 99.9명으로 역전이 예상된다. 하지만 1990년에는 116.5명일 만큼 극심한 남아 선호 현상이 있었다. 문제는 이 성비 불균형이 사라져도 한국 농어촌 남성 그리고 도시 빈민 남성의 원주민 배우자와의 결혼 확률이 높아질지 의문이라는 점이다.

### 같은 외국인, 다른 정책

이런 유입 배경을 가진 이주 노동자와 결혼 이주자에 대한 한국 정부의 정책은 두 가지로 구분할 수 있다. '이민 정책 immigration policy' 그리고 '이민자 정책immigrant policy'이다. 이 둘은 겹치는 부분도 있지만, 이민 정책은 국내에 들어오는 외국인을 통제하는 정책 그리고 이민자 정책은 국내에 이미 들어와 있는 외국인을 관리하는 정책으로 편의상 정의할 수 있다. 다문화주의 혹은 다문화 정책은 이민자 정책이다.

　　모든 외국인이 동시에 이민 정책과 이민자 정책의 대상이 되는 것은 아니다. 비자 제도처럼 말이다. 예를 들어, 단기 관광 외국인은 이민 정책의 대상일 뿐이다. 결혼 이주자는 이민 정책의 대상으로 시작해서 이민자 정책의 대상으로 이어진다. 한국 정부가 관심을 두고 관리하는 단순기능 인력 카테고리의 비전문 취업E-9과 방문취업H-2 이주자들은 원칙적으로 이민자 정책의 대상이 되지 않는다. 이들은 영구 정착자가 아니라 일시 체류자로 분류되기 때문이다. 불법 체류자는 체류 기간이 아무리 길어도 원칙적으로 이민 정책의 대상일 뿐 이민자 정책의 대상은 아니다.

## 이주 노동자에 대한 이민 정책

1980년대부터 중소기업과 농어촌의 노동력 부족을 인지한 한국 정부는 해외 노동력 수입의 필요성을 느꼈지만 이를 위한 이민 정책은 따로 마련하지 않았다. 단군의 자손인 한민족

땅에 외국인의 출현을 공식적으로 인정하고 싶지 않았을 것이다. 대신, 주로 조선족으로 구성된 외국인 노동자가 입국해 일하는 것을 묵인하는 형식의 전략을 취한다. 그러나 중소기업으로부터 외국인 노동자에 대한 수요가 강해짐에 따라 한국 정부는 1991년, 마침내 산업 기술 연수 제도Industrial Training System·ITS라는 정책을 도입했다. 산업 기술 연수 제도는 일본의 산업 기술 연수 프로그램을 모방한 것으로, 외국인 노동자의 지위를 노동자가 아닌 훈련생(학생)으로 규정한 것이 특징이다. 한국 고용주들이 이들에게 법정 최저 임금 미만의 급여를 주어도 노동법에 어긋나지 않게 한 제도적 장치다.

외국인 노동자 착취를 위한 잔머리의 결과물인 이 산업 기술 연수 제도는 2004년 '고용허가제Employment Permit System·EPS'가 도입되며 퇴출된다. 산업 기술 연수 제도의 몰락은 아이로니컬하게도 제도 자체가 애초 목적인 노동자의 저임금 유지를 못 하게 했기 때문이다. 산업 연수생으로 들어온 이들은 차라리 불법 체류자가 되는 것을 선택하여 자유로운 프롤레타리아가 되면 산업 연수생 시절 급여의 두 배 이상까지도 받을 수 있는 한국 노동 시장의 현실을 깨달은 것이다. 2003년, 불법 체류자는 전체 외국인 노동자의 78퍼센트에 해당하는 30만 명 이상으로 증가했다. 불법 체류도 막지 못했고, 저임금도 유지 못한 산업 연수 제도는 버려져야 할 카드가 되었다.

　　이를 대체하기 위해 등장한 고용허가제에 이어 3년 뒤인 2007년, '방문취업제Visit and Employment Programme·VEP'가 도입되었다. 고용허가제가 한국 정부와 협약을 맺은 국가들로부터 단순기능 인력을 받아들이기 위한 취업 비자였다면, 방문취업제는 조선족이나 고려인과 같은 중국과 구소련 동포를 위한 취업 비자이다. 두 비자 모두 산업 연수 제도와 달리 최저 임금을 포함한 한국 노동법의 보호를 받게 된다. 이후 두 비자 카테고리는 한국의 중소기업, 농어촌 영세 기업 그리고 3차 산업이 필요로 하는 단순기능 인력의 주 공급 채널이 되어 지금까지 이어져 오고 있다. 2021년 4월 기준, 고용허가제로 입국한 이주 노동자는 22만 2492명, 방문취업제로 입국한 이주 노동자는 14만 2011명으로 약 6대 4의 비율을 보이고 있다.

　　이 두 취업 비자로 대표되는 한국 정부의 외국인 노동자 이민 정책은 대부분 다른 OECD 국가들처럼 '전문 인력은 환영하되, 비전문 인력은 순환시켜라Welcome the Skilled and Rotate the Unskilled' 원칙을 따르고 있다. 이 원칙에 따라 전문 인력을 위한 취업 비자는 한국 노동 시장 테스트(해당 인력을 국내에서 구할 수 있는지 여부) 없이 승인되며, 이들 전문 인력은 영주권과 한국 국적도 일정 조건만 갖추면 어렵지 않게 취득할 수 있다. 이와 대조적으로, 단순기능 인력 비자는 구조적으로 영주권과 국적 신청 자격을 갖출 수 없도록 설계되었다. 영주권이나 국적 신청을 위한 필수 체류 기간인 5년을 채우지 못하도록 비자 체류 기간을 최장 4년 10개월까지만 허용하기 때문이다. 따라서 고용허가제나 방문취업제를 통해 입국한 단순기능 인력은 한국 원주민과의 결혼과 같은 특수한 경로를 통하지 않고는 한국에 영주할 방법이 없다.

## 결혼 이주자에 대한 이민자 정책

결혼 이주자가 한국 사회에서 차지하는 의미와 비중을 제대로 이해하기 위해서는 결혼 이민 비자F-6로 체류하고 있는 외국인 숫자[11] 대신, 그들 가족(다문화 가족) 전체에 대한 숫자를 참조하는 것이 필요하다. 여성 가족부의 〈다문화 가족 정책 2021년도 시행계획〉에 따르면, 다문화 가족은 총 35만 가구(가구원 106만 명)로 전체 가구의 1.7퍼센트(가구원 기준 2.1퍼센트)를 차지한다. 자연 출생으로 증가세가 강화되고 있는데, 전체 출생에서 다문화 가족의 출생 비중은 2015년 4.5퍼센트에서 2019년 5.8퍼센트로 증가했다. 한국 정부는 결혼 이주자와 그들 가족의 한국 사회 정착과 융합을 위한 정책에 2021년에만 5847억 원의 예산을 배정했다. 이는 전년 대비 177억 원 증가한 것이다.

이주 노동자와 대비되는 결혼 이주자와 그들 다문화 가족에 대한 이런 예산 지원은 이들을 향한 한국 정부의 인식을 반영한 결과다. 말하자면 '사회적 재생산social reproduction'을 위한 수단이다. 한 사회가 유지되기 위해서는 경제적 생산economic production과 이를 뒷받침할 사회적 재생산이 원활하게 맞물려 돌아가야 한다. 고전적인 예시지만 아침에 출근한 가장이 경제적 생산 활동을 마치고 집에 돌아오면 그 외 가족은 따뜻한 밥과 휴식 제공을 통해 가장이 다음 날 또 다른 경제적 생산 활동을 수행할 수 있는 상태로 만드는 활동(사회적 재생산)이 그것이다.

1980년대 급격한 산업화와 도시화로 여성 배우자 공백이 생긴 한국 농어촌은 이 사회적 재생산 문제에 부딪힌다. 그리고 농촌 총각 자살과 같은 사회적 문제로 이어졌다. 사회적 재생산의 '사회적' 중요성을 느낀 한국 정부는 도시 여성과 농촌 총각 간 결혼을 주선해 주는 역할까지 마다하지 않았다. 한국 정부가 저개발국 여성과의 중매결혼에 관여하고 이후엔 다문화 가정에 대해 자상한 아버지 역할을 한 것은 이 접근 방식의 연장선에 있다.

사회적 재생산 위기 측면에서 문제에 접근한 한국 정부는 한국 농어촌 남성의 저개발 국가 출신 여성과의 결혼에 대해 초기에 우호적 비간섭 정책을 유지했다. 국제결혼 중개업

등록이 허가제에서 신고제로 바뀌면서 1999년 700여 개였던 업체가 2010년 1253개로 늘었다. 국제결혼 비율은 2005년 전체 결혼의 13.6퍼센트(2020년 현재는 7.2퍼센트)에 이르기까지 했다. 그러나 국제 중매결혼이 양산되며 생긴 부작용 역시 한국 정부에겐 사회적 문제로 인식됐다. 2014년, 한국 정부는 국제결혼 이주에 관한 새 법령을 제정하면서 관리 모드로 전환했다. 실제 한국 정부는 주요 신부 송출국에 관료를 파견하여 현지 신부 모집 단계부터 관여하기도 한다.[12]

한국 정부는 다문화주의를 이민자 정책 슬로건으로 내세웠지만, 실제는 결혼 이주자와 그 가족만을 대상으로 하는 '다문화 가족 정책multicultural family policies'이다. 이주 노동자는 결혼 이주자와 같은 원주민과의 연결 고리가 없을뿐더러, 일시 체류하다 본국으로 돌아갈 대상으로 간주되어 이민자 정책에서 아예 배제되기 때문이다. 한국 정부의 이런 접근은 학계 그리고 시민 단체로부터 다음과 같은 비판을 받게 된다. 첫째, 결혼 이주자와 그 가족을 대상으로 하는 다문화 가족 정책은 이들을 도구화 그리고 타자화함으로써 오히려 이들의 한국 사회 융합을 막는다는 점. 둘째, 이주 노동자는 규모나 특성 면에서 한국 경제의 필수적인 존재가 되었음에도, 정부는 여전히 '비전문 인력은 순환시켜라' 원칙을 고집한다는 점. 마지막으로, 40만에 육박하는 불법 체류자에 대한 장기적 대책과 비전이 없다는 점 등이다.

코로나로 절대 인원은 줄었지만, 한국에는 203만 6075명의 외국 국적자가 합법적으로 체류하고 있다. 이들 그룹의 한국 유입 배경은 같다. 1970년대 산업화 시작으로 1980년대 들어 농촌의 예비 노동력과 신붓감이 바닥을 드러낸 탓이다. 한국 농어촌 그리고 도시 빈민 남성의 결혼 대상은 신분 상승을 기대하는 동남아 국가 출신 여성이 대부분으로, 일종의 하이퍼가미hypergamy[13]다. 한국 경제의 저생산성 3D 분야가 필요로 하는 저임금 이주 노동자도, 본국보다 5~10배 높은 임금을 찾아온 아시아 저개발국 출신이 대부분이다. 이들 결혼 이주자와 이주 노동자는 정부와 학계 그리고 주류 미디어에 의해 저출산 고령화 한국 사회의 대안으로 대중에게 소개되고 있지만 이 두 그룹에게 적용되는 한국 정부의 정책은 많은 면에서 그 문제점이 드러나고 있다.

# 3

## 다문화 정책이
## 말하고 있는 것

## 결혼 이주자 ; 한국인 2세를 낳아 줘

결혼 이주자에 대한 한국 정부 정책의 가장 큰 문제점은 '다문화 가족 정책' 그 자체이다. 통상 한 국가의 다문화 정책은 사회 구성원의 다양한 문화적 혹은 에스닉 정체성을 인정하고 배려하는 모습으로 구현될 것이란 기대를 받는다. 다른 정체성을 가졌다는 이유로 차별받지 않는다는 평등 개념에 기반한다. 그러나 한국 정부의 다문화 정책은 이와 달리 특정 그룹에 대한 '적극적 우대 조치affirmative action' 형식으로 구현된다. 여기서 특정 그룹은 결혼 이주자와 그들 가족이다. 소수민족 우대 정책이라고도 알려진 적극적 우대 조치는 미국의 흑인 대학 입학 특혜 사례에서 볼 수 있듯, 차별의 역사를 통해 출발선 자체가 뒤로 처진 에스닉 그룹을 위한 배려이다. 차별 없이 같은 출발선에 설 수 있는 사회 구조가 갖추어질 때까지 제한적 운영을 본질로 하는 처방으로 이해해야 한다.

　그러나 다문화 가정 정책이라는 한국 정부의 우대 조치는 이와 다른 방향으로 전개된다. 자녀들의 국공립 어린이집 입소 0순위, 공공 임대 주택 입주 0순위, 그리고 결혼 이주자 부모의 한국 방문 비용 지원 등은 많은 우대 조치 중 대표적 사례다. 이 우대 조치의 문제점은 그들의 사회 경제적 지위와 상관 없이, 다문화 가족이란 이유만으로 이루어진다는 점이다. 사회적 약자를 위한 배려라는 보편성을 상실한 이런 우대 조치는 원주민으로 하여금 역차별 의식을 불러일으킨다. 10여 년 전, 이 역차별에 대해 자신 역시 결혼 이주 여성이었던 일본인 블로거가 문제를 제기하여 화제가 된 적이 있다. 한국 정부의 다문화 정책은 오히려 차별의 생성과 고착화를 조장한다고 할 수 있다.

이는 궁극적으로 한국 정부가 결혼 이주자 그룹을 '같은 한국 사회 구성원'으로 대하지 않고, '한국 사회를 위한' 사회적 재생산 및 경제적 생산 수단으로 취급하기 때문이다. 이들은 저출산과 고령화로 줄어드는 경제 활동 인구의 감소를 상쇄하고, 한국 사회 주변부에 위치한 사회 구성원의 가족 구성 수단으로 간주된다. 사회적 재생산의 기본 단위가 가족이기 때문이다. 더 나아가 이들은 농어촌 가정에서 경제적 생산 활동에도 동원될 수 있는 다용도 인적 자원인 경우가 많다.[14] 결혼 이주 여성은 저출산과 고령화 극복에 필수적인 한국인 2세를 낳아줌은 물론, 구조적 저임금으로 상시적 인력난을 겪는 농어촌에 노동력도 제공하는 국가적 자산이 된다. 한국 정부의 다문화 가족 정책이 이들이 한국 사회에 무난히 뿌리내리는 것을 목표로 하는 것은 이들이 같은 사회 구성원이기 때문이어서가 아니라 사회 문제 해결을 위한 존재이기 때문이다.

이는 '우리us'와 '타자others'의 구별을 유지하면서 '동화

assimilation'를 추구한다는 모순적 모습으로 나타난다. 결혼 이주자에 대한 한국 정부의 다양한 지원은 그들이 사회적 재생산 구실을 하는 경우로 한정된다. 한국인 가계 혈통에 참여함으로써 결혼 이주 여성은 '우리'의 한 부분이 될 것을 요구받지만, 그들 자체로는 존중받지 못한다. 그들 개개인의 문화적 정체성은 무시된다. 그들의 문화적 정체성은 항상 타자의 문화 형식, 즉 이국적이며 박제화된 스테레오 타입(가령 전통 의상과 전통 음식)으로 표현될 것이 기대된다.

결혼 이주 여성은 한국인 남편 그리고 자녀와 함께 있을 때는 한국 정부와 한국 사회의 온정적 눈길을 받는다. 하지만 이혼 등으로 가족 관계가 끊어지고 사회적 재생산이라는 역할이 사라지면, 일개 타자로 전락하며 동화의 대상에서조차 배제된다. 한국 정부는 다문화 '가족'에만 관심 있지 '다문화' 혹은 다문화 '사회'에는 관심이 없다. 결론적으로, 결혼 이주 여성을 상대로 한 한국 정부의 다문화 가족 정책은 혈연 민족주의에 기반을 두고 사회적 재생산을 전제로 한 조건부 특혜 동화주의로 특징지을 수 있을 것이다.

## 이주 노동자 ; 돈 벌었으면 고향에 다시 돌아가 줘

지금의 한국 사회 이주 노동자를 둘러싼 본질적 문제 중 하나는 그들 체류 기간의 '한시성'과 그들 직업의 '영속성' 간의 모순이다. 우리가 쉽게 생각할 수 있는 임시 체류 이주 노동자의 예는 농촌 수확기 도움 일손이다. 파종기나 수확기처럼 농촌의 바쁜 시기에 몇 개월 도와주고 다시 본국으로 돌아가는 식이다. 따라서 해외에서 임시 체류 이주 노동자를 들여오는 것은 원칙적으로 한시적 노동력이 필요한 경우에 한정한다. 이주 노동자도 수확을 마치고 일이 끝나면 더 할 일이 없으므로 당장은 머무를 이유가 없게 된다. 한국의 단순기능 인력 이주 노동자도 원칙적으로 일시적인 일손 부족 해소를 위해 보충된 노동력으로 간주되어야 할 것이다. 그러나 이들의 직장은 이들이 영속적으로 그 일을 해줄 것을 요구하고 있다.

1991년 산업 기술 연수 제도가 도입된 지 30년이 지난 지금, 이주 노동자의 한시성과 보충성은 사라졌다. 한국 정부는 그동안 중소기업, 농어촌 자영업 그리고 3차 산업 노동자의 임금 상승과 노동 조건 향상을 위한 노력을 하지 않았다. 한국 정부는 경제 구조 개혁이라는 어려운 길 대신, 저생산성·저수익성 업종에 저임금 이주 노동자를 계속 수혈해 주는 쉬운 길을 택했다. 고통스러운 수술 대신 모르핀 처방을 계속 내리고 있는 셈이다. 그 결과 '선진국' 한국의 자본주의는 저임금 이주 노동자에 의존하는 산업 구조로 고착되었다. 일부 산업은 더 나아가 저임금 이주 노동자를 상수로 하는 새로운 사업 형태를 창출하기도 한다.

이주 노동자를 둘러싼 긴장은 다음과 같이 네 주체 간 갈등으로 구조화할 수 있다.

① 저임금으로 항시 일할 수 있는 이주 노동자를 원하는 3D 업종의 중소기업 고용주와 농어촌·도시 영세 자영업자

② 불법 체류자 등 저임금 이주 노동자 탓에 지속적으로 고용을 위협받는 비정규직·저소득 원주민 노동자 그리고 이주자와의 사회적 공간 공유를 불안해하는 원주민

③ 이주 노동자 필요성을 역설하는 산업계에 고개를 끄덕이는 한편 불안해하는 원주민에게는 이들 체류의 일시성을 강조하며 양쪽을 달래는 정부

④ 보편적 인권을 근거로 원주민과 같은 권리를 보장하라고 주장하는 이주 노동자와 옹호 시민 단체

이 네 주체 간 복합적 충돌은 이주 노동자를 받아들이는 대부분 국가가 겪는 현상으로 가까운 시일 내 해소될 가능성은 없어 보인다.

중소 제조업, 농어업, 건설업 그리고 외식·숙박업 등의 필요로 진행되는 현재의 단순기능 인력 이주 노동자 수입은 어떤 구조적 변화가 없는 한 서비스업을 중심으로 확대될 것이다. 대표적 업종은 인력 부족에 시달리는 노인 돌봄 서비스

가 될 것이다. 일본이나 대만은 국민 고령화에 따른 노인 돌봄 서비스 인력에 대한 수요를 인정하여 외국인에게 관련 취업 비자를 발급하고 있다. 한국의 경우 해당 직종은 외국인이 취업 비자(비전문 취업과 방문취업)를 가지고 일할 수 있는 업종에서 여전히 제외되어 있다. 그런데 업체 추산을 따르면 서울 경기권 간병인의 80퍼센트는 조선족이다. 조선족의 방문취업 비자로는 돌봄 서비스에 종사할 수 없음을 고려했을 때, 이들은 결혼 이민 비자로 들어왔거나 한국 국적을 취득한 경우로 이해할 수 있다.

한국 정부는 앞으로도 단순기능 인력에 대한 한시적 취업 비자의 지속적 발급을 통해 저생산성 분야에 대한 저임금 구조를 가능한 한 유지하려 할 것이다. 동시에 이들의 정주화를 공식적으로 차단함으로써 원주민의 불만 및 불안을 무마하려 할 것이다. 이러한 한국 정부의 기도는 이주 노동자, 친이주자 시민 단체 그리고 일부 학계의 보편적 리버럴리즘에 기초한 민권civil rights의 확대 적용 요구에 의해 지속해서 도전받고 있다. 이주 노동자의 직업 선택 자유를 제한한 고용허가제 철폐와 가족 동반권이 대표적 요구 사항이다.

## 직업 선택의 자유를 달라

이주 노동자의 제한된 체류 자격은 그들의 권리에도 영향을 미친다. 사회 구성원의 권리는 세 가지로 나눌 수 있다. 민권, 사회적 권리social rights 그리고 정치적 권리political rights다. 민권은 보편적 인권으로 직업 선택의 자유를 포함한다. 사회적 권리는 육체적·정신적 건강을 누릴 권리로 노동자로서의 기본권과 사회 복지 혜택권을 포함한다. 정치적 권리는 투표권과 다른 정치적 활동권을 포함한다. 한국 내 이주 노동자의 이 세 가지 권리는 보편적 인권, 원주민의 권리 그리고 국가 통치권이라는 세 요소의 접점에서 형성된다. 이 접점에서 가장 뜨거운 감자는 이주 노동자의 직업 선택권이다.

고용허가제를 통해 입국한 단순기능 인력 카테고리의 비전문 취업 이주 노동자의 직업 선택 자유는 원칙적으로 금지되어 있다. 비전문 취업 이주 노동자는 회사 폐업과 같은 불가피한 사유가 없는 한, 비자에 명시된 고용주 밑에서 명시된 기간동안 일할 것이 요구된다. 반면, 같은 카테고리의 방문취업 비자를 받은 동포 이주 노동자(가령 조선족)는 고용주가 식당업이나 건설업같이 한국 정부에 의해 승인된 업종에 속해 있다면 직장을 옮겨 다닐 수 있다.

이주 노동자 권익을 위해 일하는 시민 활동가들과 이주 노동자 노조는 이 조항이 민권을 침해한다고 줄곧 주장한다. 분명 고용허가제는 이주 노동자의 업종과 직장의 통제를 통해 저생산성 산업 분야의 생산 비용을 낮추려는 한국 정부 의

지의 반영물이다. 게다가 같은 외국 국적 이주 노동자라 해도 혈연과 국적에 따라 비자와 취업 조건을 차별함으로써, 결과적으로 한국 노동 시장의 위계화를 형성한 점은 부정할 수 없다. 그 위계화는 내국인 정규직, 내국인 비정규직, 외국 국적 동포 이주 노동자, 비한국계 이주 노동자, 불법 체류자로 이어진다.[15]

그러나 직업 선택의 자유라는 민권을 침해한다는 이유로 고용허가제 철폐를 주장하는 것은 신중을 요한다. 2021년 3월, 민주사회를 위한 변호사모임(민변)을 포함한 '고용허가제 헌법소원 추진모임'은 이주 노동자 5명을 청구인으로 외국인 근로자의 고용 등에 관한 법률 제25조(사업 또는 사업장 변경의 허용) 1항 등이 위헌이라는 헌법 소원을 제기했다. 제25조는 외국인 근로자가 사업장을 변경할 때의 신청 조건과 절차를 규정한 법률이다. 유사한 헌법 소원은 그전에도 있었다. 2011년, 외국인 근로자의 고용 등에 관한 법률 제25조 4항 등의 위헌 확인에 대한 헌법 소원 심판 청구가 있었는데 이는 기각된 바 있다.

헌재의 기각 결정 요지의 핵심은 직업 선택이 과연 보편적 인권인지 국민의 권리인지에 대한 판단이었다. 시민 활동가, 이주 노동자 노조는 국적과 체류 상태와 관계없이 모든 인간은 민권을 가져야 한다고 주장했다. 그러나 재판부는 인권의 보편성을 이유로 국민의 권리를 하위 권리로 위치시킬 수 없다는 결정을 내렸다. 즉, 민권은 국민의 형식으로 존재하는 인간에게 주어지는 권리라는 입장이다. 외국인 노동자는 한국 국민이 아닌 것이다.

고용허가제 철폐가 가져올 원주민 노동자와 노동 시장에 대한 부정적 영향과 피해를 우리는 직시해야 한다. 그 피해의 대상은 삼성전자 부회장 이재용이 아니다. 이미 불안정한 비정규직마저 외국인 노동자에게 위협받는 저임금 원주민 노동자들이다. 전북대학교 사회학과 교수이자 고용이민연구센터 이사장인 설동훈 같은 학자도 직업 선택을 제한하는 정책은 이주 노동자의 인권을 침해하는 것이 아니라, 국내 노동 시장을 보호하기 위한 적법한 국가 통치 행위[16]라고 옹호한다.

반면 어떤 학자는 고용허가제를 폐지하고 이주 노동자가 원하는 직장을 골라 일할 수 있는 '노동 허가제' 도입을 주장하기도 한다.[17] 그러나 외국인이 아무 직장에서나 일할 수 있는 노동 허가 비자Open Work Visa는 대부분 제한된 조건에서만 발급된다. 가령, 취업 비자 신청자의 배우자 혹은 해당 국가에서 학교를 졸업하고 현지 직장을 알아보는 졸업생 등을 상대로 발급될 뿐이다. 노동 허가제를 주장하는 사람들의 구체적 주장을 살펴봐야겠지만, '우리 나라에 들어와서 당신이 원하는 곳 아무 데서나 일 하세요'라고 하는 나라가 세계에 몇이나 될지 궁금하다.

더 나아가, 저생산성 산업 분야의 저임금 의존 구조에 대한 근본적 개혁이 없는 상태에서 이주 노동자에게 부여될 직업 선택권은 더 큰 사회적 혼란을 불러올 수 있다. 앞서 살펴본 것처럼, 한국 노동계는 내국인 정규직에서 시작하여 불법 체류자까지 노동자 간 위계화가 이루어졌다. 이 위계 사다리를 먼저 제거하지 않고 이주 노동자에 대한 직업 선택 자유를 허락하는 것은 노동자 그룹 간 상향 혹은 하향 이동 결과를 가져올 것이다. 예를 들어, 비한국계 이주 노동자가 현재 내국인 비정규직 자리로 상향 이동하고, 그 자리에 있던 내국인 비정규직은 비한국계 이주 노동자 위치로 하향 이동하는 것과 같은 자리바꿈을 의미할 뿐이다. 이 경우 자리바꿈으로 인한 임금 역전으로 원주민 노동자의 극심한 반발이 예상된다. 국적에 따른 근본적인 임금 차이가 있기 때문이다.

따라서, 이주 노동자에 대한 고용허가제 철폐 혹은 노동 허가제 도입보다는 한국 사회 내 직업 간 임금을 포함한 노동 조건의 격차를 줄이는 것이 더 시급하고 본질적인 과제이다. 그렇지 않아도 정규직과 비정규직 간 임금 격차는 더 벌어졌다. 정규직은 2019년 월평균 급여 316만 5000원에서 2020년 323만 4000원으로 6만 9000원 인상되었지만, 비정규직은 오히려 1만 8000원 삭감된 171만 1000원이었다. 이주 노동자에게 내국인 노동자와 같은 권리를 부여하면 한국 내 모든 노동자가 평등한 노동자가 될 것이라고 기대하는 것은 마차가 말을 끌고 갈 수 있다고 생각하는 것과 같다. 평등이 있다면 원주민 비정규직과 외국인 비정규직 간 저임금 직장이라도 차지하려는 약육강식 〈오징어 게임〉식 평등만 있을 뿐이다. 인종 장벽을 없앤다고 계급·계층 사다리가 사라지는 것이 아니다. 이 사다리에서 원주민 노동자가 맨 아래쪽에 위치한다면 지금 이주 노동자에게 행해지는 사회적 인종화가 똑같이 시도될 것이다.

## 가족 동반 권리를 달라

원가 절감을 위해 이주 노동자를 저임금 노동자로 묶어 두려는 자본가(고용주)들, 보편적 인권에 기반을 두고 더 많은 권리와 더 나은 경제적 보상을 원하는 이주 노동자 그룹, 자신의 노동 조건과 생활 조건의 악화 책임을 이주 노동자에게 돌리고 싶어하는 원주민 노동자와 사회 구성원. 이들 사이에서 줄타기해야 하는 한국 정부는 이주 노동자의 직업 선택권에 이어 가족 동반권 요구에도 직면한다. 이주 노동자라고 뭉뚱그려 표현했지만, 전문 인력 카테고리의 화이트칼라 노동자 그리고 조선족과 같은 방문취업 비자 노동자는 가족 동반이 허용된다. 오로지 단순기능 인력 카테고리 중 고용허가제를 통해 들어온 비전문 취업 이주 노동자만 가족 동반이 금지된다.

이주 노동자의 가족 동반 권리를 부정하는 것은 아무래도 명분상 정당화하기 힘들다. 가족 동반 금지의 주목적은 단순기능 인력 이주 노동자들의 엉덩이가 무거워져 이들이 한국에 눌러앉을 가능성의 사전 방지이다. 일차적으로 고개를 쳐드는 형평성 문제는 왜 같은 단순기능 인력인데 조선족과 같은 방문취업 비자 노동자에게는 가족 동반을 허락하는가이다. 혈연 민족주의에 기반을 둔 인종 차별 요소가 있다. 이차적으로, 같은 이주 노동자인데 왜 전문 인력 이주 노동자에게는 가족 동반을 허락하는가이다. 여기엔 계급 차별 요소가 있다. 터키 이주 노동자에게 처음에는 가족 동반을 허용하지 않던 독일도 관련 법이 위헌 결정을 받은 후에야 허용했다. 따라서 이주 노동자 단체 및 친이주자 시민 단체에서 명분을 앞세워 강력하게 밀어붙이면 한국 정부는 수세에 몰릴 수밖에 없는 상황으로 보인다. 그럼에도 주관적 관찰에 의하면, 직업 선택의 자유만큼 강력하게 주장하지 않는다는 느낌이다. 왜일까?

비전문 취업 이주 노동자 처지에서 가족 동반은 인간다운 삶이라는 밝은 측면보다는, 높은 생활비라는 현실적 측면이 더 크게 와닿을 수 있기 때문이다. 직업 선택의 자유는 더 높은 급여의 가능성을 의미하므로 대단히 중요한 권리로 받아들여진다. 이에 반해, 한국에서 가족과 함께 생활하는 것은 본국과 비교할 수 없을 정도의 많은 지출을 요구하므로, 이국까지 건너와 말그대로 생고생하며 돈을 버는 목적 자체를 위협하는 것이다. 가족과 함께 한국에 살고 싶다는 마음이 나중에 들지라도 이주 노동자에게는 한국에서의 거주 비용을 최소화하여 최대한 많은 돈을 고향에 송금하는 것이 당장의 목표일 것이다. 게다가 많은 경우 이주 노동자의 주거 환경은 가족이 살기에는 부적절하다. 과거 한국의 파독 광부, 간호사 그리고 중동 파견 건설 노동자 모두 결혼 여부와 관계없이 단신으로 가는 것을 자연스럽게 여겼던 것과 같은 맥락이다. 그럼에도 일부 학계에서는 보편적 리버럴리즘 인권에 기초하여 가족 동반권을 주장하는데, 이러한 현실적인 부분 역시 생각해 볼 필요가 있다.

　비전문 취업 이주 노동자의 가족 동반이 실현될 경우 가장 우려되는 것은 이들 가족의 정주화가 아니라 이들에 대한 인종화다. 한국 자본주의는 저생산성 분야 3D 업종의 저임금 노동력 확보를 위해 직업 계층 사다리 맨 아래에 이주 노동자를 배치했다. 그리고 이 배치의 고정화를 위해 이들을 인종화시켰다. 만약 이들 가족이 초청될 경우, 가족 역시 인종화 대상이 될 가능성이 크다. 이 우울한 가능성은 1960~1970년대 독일로 이주한 터키 노동자 후손들의 현재 모습을 통해 이미 현실화되었다.

　　서독 정부의 허가를 받고 가정을 꾸린 터키 이주 노동자 부부는 당연하게도 먹고 사느라 자녀 교육에 신경을 쓰지 못했다. 서독 정부도 이주 노동자 가족을 본국으로 돌아갈 임시 체류자로 간주하였기에 터키 이주 노동자 자녀를 위한 별도의 교육 정책을 마련하지 않았다. 자연스레 이들은 제대로 된 교육을 받지 못한 채 그들 부모와 조부모 세대에 이어 독일 자본주의의 저임금 노동자로 전락했다. 이제 독일 사회에서 터키인은 세대와 관계없이 청소부와 같은 허드렛일이나 하는 사람이라는 인종의 계급화 대상이 되었다.

　　이주 노동자 가족이 한국에 입국해서 생활할 경우, 이들 자녀가 터키 이주 노동자 2, 3세대의 인종화 전철을 밟지 않는다고 보장할 수 있을까? 〈오징어 게임〉을 보지 않은 한국 원주민도 알리의 가족을 우리라고 생각할까? 이주 노동자 가족 동반권을 지지하는 친이주자 시민 단체와 일부 리버럴 학자들은 이에 대해 어떤 생각을 가질지 궁금하다.

## 불법 체류자 ; 한국에 눌러앉지 말아 줘

일부에서는 불법 체류자illegal immigrants란 용어가 이들을 범죄시한다는 이유로 '서류 미비 노동자undocumented workers'라는 용어를 선호한다. 개인적으로 서류 미비 노동자라는 용어는 오히려 불법 체류자의 실체와 현실을 제대로 반영하지 못한다고 생각한다. 가령, "미비 서류를 보완해 갖고 오세요" 정도로 문제를 단순화하는 느낌과, "정부는 서류 미비 정도로 강제 출국시키지는 않아요"와 같은 인상을 줄 수 있기 때문이다.

그러나 진실은 다르다. 이들에게는 보완할 서류 자체가 없다. 각국 정부도 서류 미비 노동자라는 용어를 선호하는 듯하다. 지난 8월, 한국 정부가 아프간 난민을 특별 기여자라고 호칭한 것과 같은 맥락이다. 불법 체류자로 호칭할 경우, 한국 원주민으로부터 제기되는 "왜 불법을 방치하는가?"라는 즉각적 불만에 직면할 수 있다. 하지만 40만 명에 이르는 국내 불법 체류자가 엄연히 한국 자본주의 노동력의 한 축임을 인지하고 있는 정부로서는 이들을 쉽게 내칠 수 없다. 따라서 이들을 여전히 비합법적 체류자라고 규정하지만, 대중의 감성을 덜 자극하여 현 상태status quo를 당분간이라도 유지하려는 정부의 바람이 엿보이는 대목이라고 할 수 있다. 명분과 실리 간 적정 타협이다.

불법 체류자 문제가 이민을 둘러싼 두 보편성universality, 즉 글로벌 자본주의와 보편적 리버럴리즘의 충돌 현장임을 보여 주는 해프닝이 최근 있었다. 2021년 8월, 한국 보건복지부가 체류 자격과 상관없이 코로나19 검사를 무료로 해준다는 안내에 동남아 불법 체류자 일행이 지역 보건소를 찾았다.

그들이 그곳에서 마주한 것은 건장한 체구의 출입국 관리소 직원들이었고 그들은 현장에서 체포되었다. 한국 정부가 친 덫에 걸렸다고 생각했던 그들이었지만, 코로나 검사 예약서를 확인한 출입국 관리 사무소는 그들을 풀어주었다.

다 잡은 불법 체류자를 다시 놓아준 이 해프닝은 불법 체류자 문제의 복잡성을 상징적으로 보여 준다. 판데믹 앞에서 방역은 국내에 존재하는 모든 사람을 대상으로 하는 보편성을 지니지만 개중엔 체류 자체가 불법인 사람도 있다. 고용 허가제를 통한 합법 노동보다 더 많은 임금을 위해 불법 신분을 자처한 그들은 법적으로 투명인간이자 실재하는 사람들이다. 이런 상황에서 정부에게 그들은 보편적 방역 대상자였을까 불법 체류자였을까. 정부가 검사 이후 이들을 체포했다면 불법 체류자들은 검사에 불응할 것이고 구멍난 방역을 할 수밖에 없게 된다. 이들은 한국 정부에 있어 방역 때문에 외면할 수 없고, 검사 유인을 위해 체포할 수도 없으며, 이 모든걸 떠나서라도 보편적 인권 가치에 따라 검사를 해줄 수 밖에 없는 모순적 신분이었던 거다.

더 높은 급여를 제공하는 선진국으로의 이주를 부추기는 글로벌 자본주의, 이에 동조해 불법 체류까지 마다치 않는 이주 노동자들, 체류 자격과 상관없는 인권의 보장을 요구하는 보편적 리버럴리즘, 국내 원주민 노동자와 사회 구성원을 보호해야 하는 의무와 보편적 인권 사이에서 갈팡질팡하는 민족 국가 정부. 위 해프닝은 보편적 리버럴리즘이 민족 국가를 이긴 경우다. 국적을 떠나 코로나로부터 보호받을 인권이 민족 국가라는 특수성을 넘은 것이다.

우리가 불법 체류자 문제를 이해할 때 놓치지 말아야 할 것은 한국인 고용주와 외국인 노동자 모두를 관통하는 노골적 경제 논리. 불법 체류자 문제를 보편적 인권 혹은 감성적 온정주의로만 바라볼 수 없는 이유다. 2019년 1분기, 외국인 노동자를 수입하기 위한 한국 고용주의 고용허가제 신청 건수는 할당된 쿼터에도 미달했다. 통상 1.5배의 신청 건수를 기록했던 것과 대조적이다. 흥미로운 것은 그럼에도 불법 취업자는 증가했다. 외국인 노동자를 합법적으로 고용할 제도적 기회가 있음에도 한국인 고용주가 이를 외면하고 불법 체류자를 고용하는 사례가 늘었음을 의미한다. 한국인 고용주가 불법 체류자를 고용하는 데에는 여러 이유가 있을 수 있겠지만, 합법적 이주 노동자보다 더 싸게 일을 시킬 수 있는 것도 분명 이유 중 하나일 것이다. 불법 체류자를 고용한 한국인 불법 고용주는 250~2000만 원에 해당하는 범칙금을 사업 운영에 따른 부대 비용으로 여긴다. 이 비용을 참작 후 내린 결정인 것이다.

한편, 불법 체류 외국인들도 애초에 취업 비자로 들어

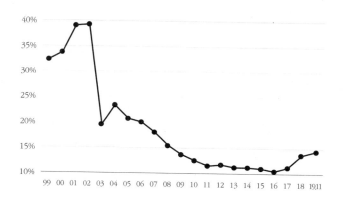

연도별 불법 체류자 비율

왔다가 더 일하고 싶은데 비자 연장이 안 되어 어쩔 수 없이 불법 체류자가 되었다는 안타까운 사연의 주인공만은 아니 다. 코로나로 발이 묶이기 이전인 2019년, 불법 체류자의 52.8퍼센트는 취업 자격으로 입국한 자들이 아니라 사증 면 제Visa Waiver Program·VWP나 관광 통과 등 무사증無査證[18]으로 입 국한 자들이다. 가장 많은 불법 체류자를 기록하고 있는 태국 인들이 사증 면제를 이용해 입국한 후, 불법 취업 활동을 하는 것이 대표적 예다. 처음부터 돈을 좇아 비자 제도를 악용한 셈 이다. 따라서 불법 체류자 대책을 논함에 있어 이 노골적 경제 논리를 고려하지 않으면 근본적 대책을 마련할 수 없다.

불법 체류자 문제는 국가 간 현격한 임금 격차가 존재하는 한 해결되지 않는다. 2004년 고용허가제 시행을 앞두고 노동력 공백을 우려한 한국 정부는 2003년, 전체 외국인의 40퍼센트인 불법 체류자에 대한 전격적 합법화를 단행했다. 하지만 그래프에서 보듯 이듬해 불법 체류자 숫자는 다시 반등했다. 이후 불법 체류자 비율은 2017년까지 10퍼센트 초반으로 억제되었는데, 고용허가제, 방문취업 제도, 단속, 자진 출국 유도와 같은 복합적 대응 덕분이었다. 그러나 2021년 4월, 코로나 변수가 있지만, 불법 체류자 비율은 다시 20퍼센트 수준으로 오르며 합법적 단순기능 인력 이주 노동자(38만 1906명)보다 불법 체류자(39만 2311명)가 더 많은 상태가 되었다. 현재 한국이 무사증으로 입국을 허용한 112개국 중 상당수가 1인당 GNP 1만 달러 이하다. 불법 체류자 비율이 높다고 특정 국가를 상대로 일방적으로 사증 면제를 취소할 수 없는 현 자본주의의 초超국가성도 불법 체류 문제 해결을 더 어렵게 한다. 밀린 청소를 하듯 불법 체류자들을 합법화하거나 정주화를 허락하는 것이 근본적 대책이 될 수 없는 것에는 다른 이유도 있다.

불법 체류자들의 주 관심은 영주권이 아니라 돈을 벌 수 있는 '체류 기간'이다. 2009년의 한 연구에 따르면, 불법 체류자의 40퍼센트만 한국 국적 취득에 관심이 있었다.[19]

2019년 법무부·통계청 조사에 따르면 임시 체류 외국인의 85.1퍼센트는 체류 기간 만료 이후에도 한국에 계속 체류하기를 희망했다. 하지만 이들 희망자 과반수(51퍼센트)는 체류 기간 연장을 원했을 뿐, 영주권(17.2퍼센트) 혹은 국적(11.3퍼센트) 취득에는 관심이 적었다. 불법 체류자의 정주화 가능성을 엿볼 수 있는 '10년 이상 한국에 거주한 불법 체류자 숫자'도 비슷한 경향을 보인다. 2018년 기준, 이들 숫자는 3만 명 이내로 억제된 채, 2010년 정점을 찍었던 전체 불법 체류자 대비 비율 15.7퍼센트에서 계속 하락하여 8.4퍼센트에 머물고 있다.[20] 한국은 돈 벌고 싶은 나라라서 오래 있는 것이지 살고 싶은 나라여서 오래 있는 것은 아닌 셈이다.

## 친이주자 시민 단체, 그들은 누구인가

불법 체류자를 포함한, 이주 노동자들에 대한 한국 정부의 관리에서 주목할 단체agency는 친이주자 시민 단체들이다. 한국 정부의 결혼 이주자 및 이주 노동자에 대한 정책 중 상당수는 다문화 정책 시행 이전부터 이주자들의 인권과 사회적 권리에 목소리를 높여온 시민 단체의 목소리를 반영한 것이다. 다문화 정책이 국가 주도로 전개되면서 이주자들을 지원하는 프로그램의 주도권도 자연스레 이들 시민 단체에서 국가로 넘어가게 되었다. 어찌 보면 그들의 고객을 일방적으로 빼앗

기고 정부와 새롭게 경쟁해야 하는 상황에 직면한 시민 단체들은 생존을 위해 두 가지 전략을 취한다. 일부 단체는 다문화주의 옹호자로서 한국 대중을 상대로 적극적인 다문화 홍보 전도사로 변신했다.[21] 또 다른 단체는 정부 지원금을 확보하기 위해 결혼 이주 여성에 초점을 맞춘 정부 프로그램에 적극 협력하고 참여하면서[22] 소위 '혼종 NGO'로 거듭났다.[23]

친이주자 시민 단체들과 관련해서 주목할 부분은 이들 시민 단체가 결혼 이주자 및 이주 노동자들과 맺는 긴장 관계다. 많은 경우 친이주자 시민 단체들과 인권 활동가들은 이주자들을 한국 정부의 잘못된 정책과 한국 원주민의 혈연 민족주의에 기반을 둔 인종 차별의 희생양으로 간주하는 경향이 있다. 그러면서 이들 이주자를 미성숙한 어린이처럼 취급하며 자상한 아버지caring father 역할을 자처한다. 시민 단체들과 인권 활동가들이 이주자들에게 행사하는 이런 상징적 권력은 이들과 이주자들 간 보이지 않는 수직적 위계 관계를 형성한다. 이 과정에서 한국 정부와 고용주로 대표되는 억압자와 친이주자 시민 단체로 대표되는 구세주라는 흑백 카테고리가 생긴다. 그리고 한국 원주민들은 이 틀 속 어딘가에 자리매김하게 된다.

친이주자 시민 단체와 인권 활동가들의 이러한 접근 방식은 '패권적 감성적 온정주의hegemonic emotional paternalism'로 특징지어질 수 있다.[24] 이런 맥락에서 일부 이주자 그룹은 정부가 후원하고 시민 단체들이 주관하는, 소위 '그들을 위한' 다문화 행사에 참여하는 것을 거부하기도 한다. 이들에게 그러한 행사는 그들의 목소리와 진정한 모습을 반영하는 공간이 아닌, 시민 단체의 각본대로 진행되는 자리로 인식되기 때문이다. 이에 이주자들은 원주민들로 구성된 시민 단체라는 대리인 없이 자신들의 목소리를 직접 내고 있다. 이주 노동자 텔레비전MWTV이나 이주 노동자 조합MTU이 그 예다.

　　다문화, 이민을 둘러싸고 한국 사회에는 정부, 산업계, 이주 노동자·친이주자 시민 단체 그리고 주류 학계의 목소리만 있는 것이 아니다. 위 네 주체는 각자 처한 상황에 따라 다른 목소리를 내지만 공통점이 있다. 외국인 노동자 유입과 한국 사회의 다문화화, 정확히는 다에스닉화가 '불가피inevitable'하고 '비가역적irreversible'이라는 것에 모두 동의한다는 점이다. 따라서 그 과정에서 문제점이 발생해도 글로벌 자본주의 체제에 편입된 자본주의 민족 국가라는 틀을 깨지 않은 채, 그 안에서 각자에게 유리한 해결책을 찾기 위해 노력한다. 다에스닉화 과정에서 발생하는 문제의 근원이 틀 자체일 수 있다는 생각을 하지 못하거나 일부러 외면하는 것일 수 있다. 한편, 이 틀에 의문을 제기하며 정부 주도 다문화 정책 자체를 반대하는 시민 그룹도 있다.

정부는 물론 한국 주류 학계의 관심을 거의 받지 못하는 이 다문화 반대 그룹은 한국 사회에 필요한 다문화 담론은 '어떻게 같이 사느냐?'가 아니라 '왜 같이 살아야 하느냐?'여야 한다고 외친다. 이들은 온라인 커뮤니티를 중심으로 활성화되어 있다. '다문화 정책반대 카페'가 대표적이다. 2013년, 1만 명 수준이던 카페 회원 수는 2021년 11월 기준, 2만 명을 훌쩍 넘었다. 이 그룹은 이주자를 둘러싼 한국 사회 내부의 화학적 불협화음으로부터 눈을 돌려, 더 큰 그림을 볼 것과 더 근본적 질문을 던질 것을 요구한다. 이들이 2012년 호주 ABC방송과 한 인터뷰와 카페 글을 토대로 이들의 주장을 살펴본다.

## 누가 다문화를 원하는가

이들은 먼저 한국 정부의 다문화 정책은 국민적 동의가 없었다고 주장한다. 한국 원주민의 이주자·다문화 수용성은 조사기관과 방법에 따라 다양한 결과가 나온다. 따라서 단정적 결론은 지양해야 한다는 전제하에 몇 가지 조사를 참조해 본다. 한국 여성정책연구원의 2012년 조사에 따르면, 오직 36퍼센트의 응답자만 다양한 인종, 종교 그리고 문화와의 공존이 가능하다고 답한 반면, 86.5퍼센트의 응답자는 한국인으로서 정체성을 지키기 위해서는 같은 조상을 가지는 것이 중요하다고 답했다.[25]

문화체육관광부의 2017년 조사에 따르면, 68.8퍼센트의 응답자는 외국인 노동자를 이웃으로는 받아들일 수 있다고 답했지만, 거리감을 느끼지 않는다고 답한 이는 25.7퍼센트에 그쳤다. 이를 반영하듯 오직 29.3퍼센트만 가족으로 받아들일 수 있다고 답했다. 결혼 이주자 역시 응답자 중 절반만 가족으로 수용 가능하다고 답했다.[26] 생각하기에 따라 수용성이 높다고도 낮다고도 볼 수 있지만, 적어도 다문화 반대론자들의 주장이 근거가 없지만은 않다는 것을 보여 준다.

여성가족부가 주관한 〈2018년 국민 다문화수용성 조사[27]〉는 한국 원주민의 다문화 수용성이 사회 경제적 함의를 가지고 있음을 우리에게 시사한다. 다른 에스닉 그룹을 받아들일 경우 국가 결속력이 저해된다거나, 단일 민족 혈통 유지는 자랑스러운 것이라는 의식이 2015년 대비 하락했다. 단일 민족 도그마에서 벗어나고 있음을 보여 주는 대목이다. 주목할 조사 결과는 다음에 이어진다. 청소년의 다문화 수용성은 71.22점으로 52.81점인 성인에 비해 월등히 높았다. 특히, 이주민과 적극적 교류 관계를 맺으려는 경향인 교류 행동 의지 측면에서 청소년은 78.49점, 성인은 42.48점으로 차이가 극심했다. 청소년기 학교생활 등 이주민 자녀와의 시공간 공유가 큰 이유일 것이다.

그러나 2015년과 비교했을 때, 청소년의 다문화 수용성은 높아졌으나 성인은 하락했다. 특히, 응답자 중 20~30대의 경우 2015년에 비해 다른 연령층보다도 더 큰 폭으로 다문화 수용성이 떨어졌다. 이에 더하여 이주민과 가족, 친척, 친구, 이웃 등의 관계를 맺고 있는 성인은 줄고 청소년은 늘었다. 단일 민족 도그마도 벗어나고 다문화 교육도 시행했지만 정작 성인의 다문화 수용성은 계속 떨어지는 것이다. 청소년과 성인의 다문화 수용성 추세가 엇갈린 것은 무엇을 의미하는가?

이는 일정 시간이 경과해도, 또 다문화 교육을 시행해도 원주민의 이주자·다문화 수용성이 기대만큼 향상되지 않는다는 것을 보여 준다. 조사 결과에 나타난 청소년 원주민의 높은 수용성은 다문화 가정의 자녀들과의 동등한 학교생활 그리고 공교육상의 다문화 교육 덕분에 시기상 당연하게 볼 여지가 있다. 하지만 학교를 졸업하고 사회인 원주민으로서 결혼 이주자 자녀 혹은 이주 노동자와 현실에서 부딪치면서 이들의 수용성은 상당 부분 잠식된다. 현실 사회에서 결혼 이주자 자녀와 이주 노동자는 학교처럼 공존의 대상이 아닌 취업과 같은 제한된 자원을 놓고 경쟁하는 대상이 되는 탓이다.

다문화 교육을 통해 다문화 수용성을 향상할 수 있다는 정부와 학계의 주장이 설득력이 떨어지는 다른 증거도 있다. 2009년 열 두건에 그쳤던 주요 일간지 외국인 혐오 관련 기사는 2018년 145건으로 열 두배나 늘었다. 외국인 혐오 범죄나 사건에 관한 유의미한 통계는 없지만 언론은 대중의 관심이 쏠리는 것을 기사화하는 만큼, 한국 사회에서 외국인 혐오에 대한 관심이 높아지는 것은 자명하다. 다문화 교육의 열매를 먹고 자란 그 많던 아이들은 어디로 갔을까?

## 그들은 어떻게 한국 사회를 위협하는가

다문화 반대 그룹은 이주 노동자 수입의 반대 이유 중 하나로 원주민 노동자 일자리 위협을 꼽았다.

"…… 한국 정부가 외국인 노동자를 대거 수입하는 다문화 정책은 다국적 기업에 싼 노동력과 이익을 제공하지만, 기존 한국 노동자들은 임금 삭감을 감수해야 하고 심지어 해고 위협까지 직면합니다."

우리문화사랑 국민연대

이들 주장의 타당성을 확인하기 위해서는 우선 원주민 노동자의 잠재적 위협 주체가 누구인지를 명확히 해야 한다. 단순 기능 인력 카테고리의 이주 노동자는 크게 두 그룹으로 나뉜다. 방문취업제를 통해 입국한 방문취업 비자 외국 국적 동포 노동자와 고용허가제를 통해 입국한 비전문 취업 비동포 외국인 노동자다. 동포 노동자의 절대다수는 조선족이며, 이들은 서비스, 건설 그리고 일부 제조업 등 정부에 의해 지정된 산업군 내에서 직장 선택 및 이전의 자유가 주어진다. 고용허가제를 통해 입국한 비동포 이주 노동자들은 원칙적으로 비자에 명시된 고용주만을 위해 일할 것을 요구받는다. 이들에 대한 업종과 고용주 선정은 정부에 의해 사전 조율된다.

따라서 고용허가제를 통해 입국한 이주 노동자와 원주민 노동자 간 경쟁 관계는 제한적일 것으로 예상할 수 있다. 제조업 분야 이주 노동자의 비위협성은 전국민주노동조합총연맹(민노총)의 외국인 노동자 노조에 대한 지지에서도 일정 부분 확인된다. 따라서 이주 노동자 유입으로 말미암은 원주민 노동자에 대한 잠재적 피해의 가해자는 다른 그룹에서, 그리고 잠재적 피해 업종은 비제조업에서 찾아볼 필요가 있다.

그 다른 그룹은 조선족으로 대표되는 방문취업 비자 그룹 그리고 불법 체류자 그룹이다. 2020년 한국개발연구원KDI은 이주 노동자 100명이 유입되었을 때 저숙련 내국인 취업자는 약 26명 감소하며 이 중 21명이 건설업이라는 연구 결과[28]를 발표했다. 건설업은 당연히 방문취업 비자를 가진 이주 노동자만 일할 수 있는 업종으로 마찬가지로 이들의 절대다수는 조선족이다. 조선족은 한국 건설업에 약 10만 명이 종사하는 것으로 추산되며 음식·숙박업에서도 원주민 노동자와 경쟁하고 있다.

불법 체류자 그룹은 정식 통계에 잡히지도 않고 업종 제한 없이 취업 활동을 한다. 건설협회에 따르면 2019년 기준, 건설업계 외국인 노동자 22만 명 중 불법 취업 인원은 16만 명으로 추산된다. 더 나아가 이들 존재는 원주민 노동자 자리를 직접 뺏지 않더라도 존재 자체만으로 원주민의 고용 조건을 위협한다. "너 말고도 일할 사람들 줄 섰어!"라는 소리를 입에 달고 사는 고용주에게 급여 인상을 요구하기는 쉽지 않을 것이다.

그러나 원주민 노동 계급을 가장 위협하는 것은 불법 체류자를 포함한 이주 노동자가 아니라 한국의 보수 정치 집단처럼 보인다. 2019년 당시 자유한국당 황교안 대표는 이주 노동자에게 차등화된 최저 임금을 적용해야 한다고 주장했다. 더 싼 임금으로 노동력 착취를 하게 해달라는 한국 중소 부르주아들의 노골적 요청에 대한 눈물 어린 화답이었다. 그다음 달, 당 대표에 이어 나경원 원내대표는 "근로기준법 시대가 저물어가고 노동 자유 계약법 시대가 도래했다"고 선언한다. 최저 임금은 개나 줘버리고 두 경제 주체 즉, 부르주아와 가진 것이라곤 몸뚱아리 밖에 없지만 어쨌든 자유로운 프롤레타리아가 자율적으로 노동 매매 계약을 해야 한다는 주장이다. 아무리 신자유주의 천하라고 해도 참으로 놀라운 발상이 아닐 수 없다. 이는 외국인 노동자 임금 문제가 이주자·원주민이란 인종 차원을 벗어나 본질적으로 계급 문제임을 우리에게 상기시킨다.

자본주의 고용주들의 지상 목표는 저임금 노동 구조의 안정화다. 따라서 최저 임금 인상 이야기만 나오면 고용주들은 나라 잃은 표정을 한다. 과연 노동자들은 최저 임금만으로 살 수 있을까? 2021년 11월, 1인당 구매력 기준으로 한국과 뉴질랜드의 GDP는 거의 비슷하다. 하지만 시간당 최저 임금은 한국이 8720원, 뉴질랜드가 20달러(1만 6500원)로 차이가 있다. 거의 두 배지만 이 임금을 가지고 인간다운 삶을 살 수 있다고 믿는 사람은 오클랜드Auckland엔 없다. 한국은 당연히 더 심할 것이다. 최저 임금으로는 생존하기도 버거운 노동자들의 삶은 자본가·고용주들 안중에 없다. 오로지 "내 사업은 저수익 사업이므로 무슨 수를 써서라도 인건비를 낮춰야 해"라는 지상 과제로 머리가 가득 차 있을 뿐이다. 저임금 주체가 내국인이든, 합법적 이주 노동자든, 불법 체류 노동자든 중요치 않다. 중요한 건 노동자는 무조건 저임금이어야 한다는 것이다.

앞서 언급한 한국개발연구원의 연구자도 이 패러다임에서 벗어나지 않는다. 그는 이주 노동자로 인한 원주민 노동자 일자리 위협의 대안으로 저숙련 일자리는 이주 노동자에게 내어 주고, 원주민 노동자는 고숙련 일자리로 상향 이동할 것을 제안한다. 그 과정에서 누군가 저임금 노동자가 되어야 한다는 것은 당연시한다. 최저 임금으로는 생존하기도 힘들다는 것에 대해서는 의문조차 제기하지 않는다. 외국인 노동자가 한국인 노동자를 위협한다는 다문화 반대 그룹의 주장은 자본주의가 '인간' 노동자를 위협한다는 패러다임으로 확장되어야 할 것이다.

## 한국 사회에 대한 위협

한국 원주민이 외국인 노동자를 위협적으로 느끼는 부분은 노동자 일자리 위협보다 어쩌면 그들이 범죄를 많이 저지른다는 인식일지 모른다. 상대적으로 이주 노동자가 많은 수원에서 발생한 2012년 오원춘과, 2014년 박춘풍의 잔인한 살인 사건은 한국 사회에 결코 잊히지 않을 충격을 남겼다. 다문화 반대 그룹도 이를 지적한다.

> "…… 대부분 외국인 노동자는 저소득 배경 출신이며 종종 범죄적 행동에 대한 충동을 가지고 있습니다…… 외국인 노동자는 한국 대중이 꺼리는 도심 게토(ghetto)에 종종 모여 삽니다."
>
> 우리문화사랑 국민연대

이들의 주장은 얼마나 팩트에 기반을 두고 있을까? 외국인의 전체 범죄율은 원주민의 절반 이하이기 때문에 외국인이 범죄를 많이 저지른다는 인식은 오해라고 일부 학자는 주장한다. 이와 관련, 한국 최대 규모의 단일 위키인 나무위키의 한 기고가는 재치 있게 반문한다. 이주 노동자가 명예 훼손, 예비군법 위반, 음주 운전, 병역 기피를 할 확률이 얼마나 되겠느냐고. 전체 범죄율 대비 외국인 범죄율이 낮다는 주장은 오히려 실체를 제대로 반영하지 못할 수 있다.

표에서 알 수 있듯 외국인은 내국인보다 전체 범죄율은 낮지만, 살인·강도와 같은 강력 범죄 비율이 높다. 특히, 위 다

## 범죄 유형별 인구 10만 명당 검거 인원 지수 비교

| | 2015년 | | 2016년 | | 2017년 | | 2018년 | | 2019년 | |
|---|---|---|---|---|---|---|---|---|---|---|
| | 내국인 | 외국인 | 내국인 | 외국인 | 내국인 | 외국인 | 내국인 | 외국인 | 내국인 | 외국인 |
| 전체 범죄 (건) | 3,369 | 1,558 | 3,495 | 1,689 | 3,190 | 1,319 | 2,990 | 1,163 | 2,988 | 1,238 |
| 살인 (명) | 1.7 | 4.1 | 1.7 | 4.4 | 1.6 | 4.0 | 1.5 | 3.0 | 1.5 | 2.8 |
| 기수 (명) | 0.7 | 1.7 | 0.7 | 1.4 | 0.6 | 1.4 | 0.6 | 0.8 | 0.6 | 1.0 |
| 미수 (명) | 1.0 | 2.4 | 1.0 | 3.0 | 1.0 | 2.6 | 0.9 | 2.2 | 0.9 | 1.8 |
| 강도 (명) | 3.7 | 5.2 | 3.2 | 3.2 | 2.7 | 2.5 | 2.1 | 1.8 | 2.4 | 2.4 |

\* 한국형사법무정책연구원

문화 반대 그룹이 게토로 표현한 외국인 밀집 지역(구로구, 영등포구, 안산시 단원구, 시흥시 등)의 외국인 5대 범죄(살인·절도·강간·강도·폭력) 비율은 전국 평균치를 크게 웃돈 것으로 나타났다. 이에 경찰청 관계자는 외국인 살인 범죄는 대부분 술 먹고 자국민끼리 싸우다 발생하는 우발적 경우로 내국인을 상대로 한 범죄는 거의 없다고 설명한다. 그러나 내 눈앞에서 사람이 죽어가는데 피살자가 '외국인'이라고 안심하며 위 지역을 마음 편히 다닐 내국인은 많지 않을 듯싶다. 절대다수가 20~50대 남성 육체노동자인 이주 노동자의 인구 특성을 참작하더라도 외국인 범죄에 관한 다문화 반대 그룹의 지적은 일정 부분 공감이 간다.

다문화 반대 그룹이 범죄와 다른 면에서 이주 노동자가 한국 사회·경제에 도움이 안 된다고 지적하는 부분은 이주 노동자가 소득을 본국으로 송금하는 행위다.

> "…… 외국인 노동자는 임금을 모아 본국으로 송금하기 때문에 한국에서 소비를 거의 안 합니다. 따라서 국내 소비 진작에 도움이 안 됩니다. 차라리 정부는…… 원주민 노동자들에게 나은 근무 조건과 환경을 제공하는 정책을 실행해야 합니다."
>
> 우리문화사랑 국민연대

《매일경제》의 2020년 기사에 따르면, 고용허가제 이주 노동자는 소득의 63.9퍼센트 그리고 조선족으로 대표되는 방문취업제 이주 노동자는 14.1퍼센트를 본국으로 송금한다. 2018년, 1년 이상 장기 취업 외국인 노동자의 해외 송금액은 2조 9810억 원으로 집계됐다. 1년 미만 단기 취업 외국인 노동자의 수입 2조 2184억 원이 이 통계에 잡히지 않은 것을 고려하면 실질 해외 송금은 이를 훨씬 뛰어넘을 것으로 예상한다. 특히, 조선족이 연변에 보내는 송금액은 2011년 기준 연변주 GDP의 3분의 1을 차지할 정도이다. 애초에 이들 단순 기능 인력 이주 노동자가 한국에서 원주민과 같은 수준의 소비를 할 것이라고 기대하긴 어렵다. 결국, 연 5조 원이 넘는 국내 이주 노동자 소득이 국내 수요와 고용 창출에 도움이 안 된다는 다문화 반대 그룹의 주장은 상당 부분 타당하다.

한편, 세계은행World Bank이나 유엔 국제이주기구 International Organization of Migrant·IOM 같은 국제 기구들은 저소득 국가가 자국 노동자를 고임금 국가에 보내어 그들로부터 송금액을 받는 상황은 송출 국가, 수용 국가 그리고 노동자 자신에게도 원원win-win이라는 인식을 가지고 있다. 수용 국가의 경우 저임금으로 노동력을 사용할 수 있으니 이득이고 송출 국가는 자국 경제에 도움이 되니 이득이라는 것이다.

그러나 사실상 이는 노동자들이 수용국가에서 받는 고통 그리고 송출 국가가 자국 노동자를 송출함으로써 발생하는 자국 내 사회적 비용이, 그들이 보내오는 송금액보다 더 크다는 현실을 외면한 인식이다. 이주 노동자가 보내주는 송금액이 송출국의 경제 개발 기폭제로 쓰인다는 주장도 경험적 증거가 없다.[29] 다문화 반대 그룹의 주장에 더해 이는 더더욱 이주 노동자의 송금 행위가 개별적 수준 이상의 효과를 만들어내지 못함을 의미한다.

이어, 무차별적으로 양산된 국제 중매결혼으로 발생한 사회적 비용 역시 이들의 비판 대상이다.

"······ 미디어들은 국제결혼을 미화해 왔으며 정부 역시 다문화주의라는 이름 아래 이를 장려해 왔습니다. 외국인 신부들은 자신을 둘러싼 빈곤에서 벗어나는 한편 모국 가족들을 돕기 위해 결혼합니다······ 국제 중매결혼의 70퍼센트가 결혼 3년 안에 파국을 맞이합니다. 대부분 신부는 동남아, 중앙아시아 그리고 중국에서 오며 이들은 저소득과 저교육 배경을 가지고 있습니다. 국제 중매결혼을 둘러싼 가짜 결혼, 결혼 사기, 성혼 실패 그리고 이혼 등은 한국 사회의 비용으로 남습니다. 특히 이런 결혼을 통해 탄생한 2세들은 앞으로 커다란 사회적 비용을 일으킬 것입니다."

우리문화사랑 국민연대

이들의 주장을 뒷받침하는 여러 통계가 있다. 2012년 기준, 약 87퍼센트의 결혼 이주자들은 중국과 동남아에서 왔으며, 40퍼센트 넘는 한국 신랑은 대학 교육을 받았지만 80퍼센트의 신부는 대학 교육을 받은 적이 없다.[30] 2010년도의 한 자료에 따르면, 원주민 커플의 27퍼센트가 결혼 후 4년 이내 이혼한 반면, 같은 기간 국제결혼 커플은 79퍼센트가 이혼

했다. 2013년 자료에 의하면, 한국 원주민 커플 간 나이 차이는 1.3년인 반면, 국제 중매결혼 커플은 17년이다. 따라서 이 국제 중매결혼의 신분 상승hypergamy적 본질에 대한 지적도 상당 부분 맞다고 볼 수 있다. 대신 이런 국제 중매결혼은 2005년을 정점으로 하향 안정세로 접어들었다. 이혼의 경우도 국내 총 이혼에서 차지하는 비중이 계속 하락세를 유지해 2019년 기준 6.2퍼센트였다. 이는 국내 총 결혼에서 차지하는 비중인 9.8퍼센트를 밑도는 수준이다.

다문화 반대 그룹이 지적한 사회적 비용과 개인적 어려움 역시 간과해서는 안 된다. 특히 개인적 어려움은 한국인 신랑과 이주 신부 모두에게 발생한다. 이주 후 한국인 신랑과의 불행한 결혼 생활, 이혼 이후의 힘든 삶이 결혼 이주 여성으로부터 보고되는 가운데, 신부의 사기성 결혼으로 고통을 겪는 한국인 남성 사례도 많이 보고되고 있다. 국제 중매결혼으로 피해를 입은 한국 남성의 온라인 커뮤니티인 국제결혼 피해 센터가 그 실례다. 2021년 11월 기준, 2만 명에 가까운 사람들이 회원으로 가입되어 있는데 2013년에는 5000명이 채 되지 않았다. 다문화 가정 자녀를 위한 별도의 대안 학교(2020년 기준, 45개교)도 사회적 비용의 한 예다.

이렇게 왜곡된 형태로 진행되는 일부 국제 중매결혼 관련, 흥미로운 현상이 발견된다. 통상 한국인과 저개발국 아시

## 베트남 남성과 결혼한 한국인 아내의 혼인 종류

| 혼인 종류 | 2018 | 2019 | 2020 |
|---|---|---|---|
| 총계 | 587 | 639 | 501 |
| 초혼 | 15 | 24 | 15 |
| 재혼 | 572 | 615 | 486 |

* 출처: 통계청, 단위: 건

아 국가 출신 배우자와의 결혼 성별 패턴은 '한국 남자 아시아 여자'이다. 그리고 상대적으로 소수의 한국 여자가 아시아 국가 출신 남자와 결혼한다. 그런데 이 한국 여자 아시아 남자의 결혼 패턴에서 유독 한국 여성의 '재혼' 비율이 높다. 일본과 대만을 제외한 대부분 아시아 국가(중국, 베트남, 필리핀, 네팔, 파키스탄, 스리랑카, 방글라데시) 출신 남성과 결혼한 한국 여성은 다 초혼보다 재혼 비율이 높다. 대표적 사례가 베트남이다.

2020년, 베트남 남성과 결혼한 한국 여성 501명 중 486명이 재혼이다. 무엇을 의미하는가? 베트남 남성이 초혼 상대로는 마땅치 않지만, 재혼 상대로는 최고로 한국 여성에게 다가가는 것인가? 더 깊이 파고 들어가지 않겠지만, '한국 국적 에스닉 베트남 여성'일 확률이 매우 높다. 어쩌면 100퍼센트일지도 모른다. 한국 남성과의 결혼 이주를 통해 한국 국적을 취득한 후 남편과 사별·이혼 과정을 거쳐 '돌싱'이 된 그들이 같은 베트남 남성과 재혼하는 사례이다. 그리고 그 베트남 남성은 고용허가제를 통해 한국에 들어와 있는 이주 노동자일 수도 있다. 한국 정부가 기대했던 '다문화 가족'은 해체되고 한국 정부가 원치 않는 이질적 단일 에스닉 가정으로 구성된 '다문화 사회'로 재편되는 과정이 펼쳐지고 있다.

## 이주 노동자가 유일한 대안인가

현재 한국 주류 담론에서 거론하는 이주 노동자 수입 필요성의 근거는 크게 한국인의 3D 업종에 대한 기피 현상, 저출산 그리고 고령화에 따른 경제 활동 인구의 감소다. 이에 대해 다문화 반대 그룹은 그런 이유가 다문화나 이민의 명분이 될 수 없다고 주장한다.

한국인들이 이전보다 부유해지고 사회적 지위에 신경 쓰게 되면서 3D 업종을 꺼린다는 주장에 대해 다문화 반대 그룹은 피상적 이해라고 반박한다. 그들의 주장에 따르면 3D 업종을 피하는 것은 그것이 더럽고dirty, 위험하고dangerous, 어려운difficult 업종이어서가 아니라 '더럽게' 낮은 임금 때문이다 (2012년 인터뷰임을 고려해야 한다.).

> "…… 외국인 노동자들 경우, 주거와 숙식이 제공되며 한 달에 최소 150만 원을 법니다… 한국인 노동자들은, 특히 자녀가 있다면, 한 달 150만 원 급여로는 자녀를 키우고 교육할 수 없습니다…… 한국 노동자들이 그런 직업들을 피한다면 그 임금으로는 한국에서 가정을 정상적으로 꾸려 나갈 수 없기 때문이지, 그 직업이 힘들거나 더러워서가 아닙니다."
>
> 우리문화사랑 국민연대

시간당 임금을 계산하면 원주민 노동자는 외국인 노동자보다 여전히 높은 급여를 받는다. 2020년 8월 기준, 한국 비정규직 노동자는 742만 6000명으로 전체 임금 노동자의 36.3퍼센트를 차지한다. 이들의 평균 월급은 171만 1000원이다. 비전문 취업, 방문취업, 재외동포F4 이주 노동자의 2019년 월 평균 임금은 실수령액 기준 211만 1742원(주 평균 50시간 노동)이었다. 비전문 취업 이주 노동자만 보면 26퍼센트가 평균 100만~150만 원, 63퍼센트가 200만~300만 원 그리고 10.9퍼센트는 300만 원 이상을 번다. 상위 74퍼센트가 최소 월 200만 원 이상의 소득을 버는 셈이다. 단순히 비교하면 비전문 취업 이주 노동자가 원주민 비정규직 노동자보다 월급이 많다. 하지만 비전문 취업 이주 노동자의 23.9퍼센트가 주 60시간 이상 일을 할 정도로 장시간 노동을 하는 데 반해, 원주민 비정규직 노동자의 주 평균 노동 시간은 30.7시간이다. 따라서 위 숫자에 근거, 시간 당 평균 임금을 따지면 여전히 원추민 비정규직 노동자(시간당 약 1만 3000원)가 외국인 노동자(시간당 약 9800원)보다 더 많이 받는 셈이다.

그러나 가족이 없는 비전문 취업 이주 노동자와 달리 비정규직 원주민은 많은 경우 가족이 있다. 2021년 현재, 한국 4인 가구 중위 소득은 487만 6000원인데 비정규직 원주민 노동자의 평균 월급은 171만 1000원이다. 1인 가구 중위 소득 170만 7000원과 같은 수준이다. 따라서 현행 시간당 1만 3000원도 혼자 먹고사는 정도인데 가족 딸린 가장 노동자에게 이보다 급여가 낮은 3D 업종을 왜 피하느냐고 묻는 것은 어불성설이다. 원주민이 3D 업종을 피하는 것은 일 자체가 더럽고 위험해서가 아니라는 것은 지자체 환경미화원 모집 사례에서도 엿볼 수 있다. 환경미화원은 3D 업종의 문법을 빌리자면 음식물 쓰레기를 수집, 운반하는 '더러운' 일이며 새벽, 야간 근무로 안전사고가 자주 발생하는 '위험한' 직업이다. 그럼에도 2020년 지자체 환경미화원 채용 경쟁률은 수십 대 일을 기록할 정도로 치열했다. 지자체마다 차이는 있지만, 상대적으로 높은 급여 그리고 60세 정년이 보장되는 안정성 등이 큰 이유다.

　　3D 업종이 동시에 저임금 업종이라는 것은 한국만의 현상이 아니다. 2020년 코로나 바이러스가 처음 상륙하자 전면적 봉쇄 조치를 내린 뉴질랜드는 말 그대로 모든 게 멈췄다. 슈퍼마켓과 주유소 등을 빼곤 도시의 모든 가게가 문을 닫았다. 멈춰 선 도시에서 슈퍼마켓 직원, 환경미화원, 의료인, 경찰, 소방관 그리고 양로원 돌봄 서비스 인력은 일을 계속했다. 정부는 이들을 '필수 노동자essential workers'이자 국가적 영웅으로 한껏 치켜세웠다. 한 기자가 수상에게 질문했다. "그렇다면 슈퍼마켓에서 위험을 안고 일하는 직원에게 특별 보상을 해줘야 하는 것 아닙니까?" 수상은 잘라 답했다. "그것은 고용주가 결정할 문제입니다." 이것이 자본주의 국가의 리버럴 정권이 '사회적 노동'을 대하는 자세이다. 입으로는 그들 노동의 사회적 의미, 즉 사용 가치를 말하지만, 교환 가치는 자본가에게 맡긴다. 사회에 없어서 안 될 필수 노동자라는 소리를 들었지만, 최하층 서비스 노동자에게 달라진 것은 아무것도 없었다.

　　3D 업종에 대한 인식의 전환이 없다면 한국 3D 업종의 외국인 노동자 의존 구조는 고착화될 수밖에 없다. 모두가 피하고 싶은 더럽고 위험하고 어려운 3D 업종은 기술의 발전과

함께 궁극적으로 소멸을 향해 가고 있다. 어쩔 수 없이 필요하다면 국가는 이러한 직업의 사회적 필요성에 걸맞은 보상을 해줘야 한다. 보상은 그 본질에 있어 '사회적 보상'이어야 한다. 개인의 능력 혹은 자본 축적에 대한 기여도가 보상 기준이 되어서는 안 된다. 노동자마다 보상 차이가 나는 것은 개인의 능력 차이 때문이어서가 아니라 사회에 대한 기여도 차이 때문이어야 한다.

코로나19 감염 위험을 감수하고 일을 하는 슈퍼마켓 직원과 그 슈퍼에서 산 와인을 마시면서 자신과 투자자를 위해 집에서 온라인으로 선물 거래를 하는 사람. 과연 누가 더 사회에 기여를 하는가? '3D라서' 저임금을 받아야 하는 것이 아니라 '3D이기 때문에' 임금에 대한 배려야 있어야 한다. 단순노동 역시 낮은 기술성으로 임금이 평가되는 것이 아니라 그 사회적 필요성에 따라 임금이 책정되어야 한다. 노동 보상 기준에 대한 새로운 패러다임이 필요하다.

3D 업종 혹은 단순 직종에 대한 사회적 필요성에 기반을 둔 보상이 개인의 노동 의욕 혹은 성취욕을 저해할까? MBA를 마치고 와인을 마시며 선물 거래를 하는 위 사람과 매일 공중화장실 청소를 하는 사람이 같은 급여를 받는다면 MBA를 받은 이는 내가 이러려고 공부를 했던가 자괴감에 빠질까? 그렇다면 물어보고 싶다. 다시 선택한다면 공부라는 생

고생을 하지 않고 화장실 청소할 거냐고. 'No'라고 답하지 않을까? 요즘 청년들에게는 직업의 의미가 퇴색되고 있지만 인간 사회에서 직업이라는 것은 생계 유지 이상의 의미가 있다. 자신이 할 수 있고 좋아하는 것을 함으로써 자아실현을 하고 이를 통해 사회에 기여하는 것이다. 사람은 선천적 능력의 차이도 있고 이후 노력의 차이도 있다. 이에 따라 성과나 생산성의 차이는 발생할 수 있다. 하지만 중요한 원칙은 한 개인이 자기 일에 충실하다면 그에 대한 사회적 보상은 원칙적으로 같아야 한다는 것이다. 이 원칙 위에서 사회적 기여도에 따라 보상은 적절하게 차등화될 수 있을 것이다.

3D 업종의 저임금과 관련해 노동 보상 기준에 대한 사회적 필요성 원칙을 다소 장황하게 강조했다. 이는 한국 정부와 학계가 이주 노동자 수입의 당위성을 거론할 때마다 빠짐없이 등장하는 한국 사회 저출산 문제와 긴밀히 연관되어 있기 때문이다.

## 저출산 때문에 이민을 받아야 한다고?

"⋯⋯ 장기적 해결책은 현재 63퍼센트 수준에 머물고 있는 인구 대비 고용 비율을 여성과 노인에게 더욱 많은 취업 기회를 제공함으로써 스칸디나비아 국가들처럼 80퍼센트 수준으로 끌어올리는 방법입니다. 이를 위해서는 생산성을 높임과 동시에 노동자들의 임금을 인상하는 것이 필수적입니다."

우리문화사랑 국민연대

2020년 기준으로 한국의 출생률은 0.84로 압도적 세계 꼴찌인데 특히 서울은 0.64이다. 이 낮은 출생률과 그에 따른 인구 감소를 막기 위해 이민자를 받아야 한다는 주류 담론의 논리는 정당화될 수 있을까? 2020년 한국 주민등록 인구가 역사상 처음으로 감소하자 한 경제지는 이를 비극이라고 묘사했다. 무엇이 비극일까? 한국 인구 밀도는 인구 1000만 명을 넘는 국가 중 방글라데시, 대만에 이어 세계에서 세 번째다. 좀 더 여유 있는 공간이란 측면에서 나쁘지 않은 현상이지 않은가.

여기서 우리는 인구를 특정할 필요가 있다. 정부와 학계에서 걱정하는 감소 인구는 '생산 가능 인구'이다. OECD의 정의를 따르면 15~64세에 해당하는 연령층이다. 줄어드는 생산 가능 인구 걱정에 빠질 수 없는 것은 '고령화' 이슈이다. 연금으로 대표되는 고령자에 대한 사회적 부담은 늘어나는 데 반해, 이를 짊어질 그룹은 저출산으로 작아지고 있다. 그렇기 때문에 이민자를 받을 수밖에 없다는 논리가 성립된다. 여기서 이민자는 곧 노동자이다. 하지만 이 논리는 지난 세기 이민 수용 국가에서 이민을 둘러싼 사회적 긴장 원인이 '노동자를 불렀지만 온 것은 인간'이라는 역사적 교훈을 외면한 것이다.

어떤 문제가 발생하면 그 해결을 위해 상식적으로 또 논리적으로 그 문제를 야기한 원인을 찾아 그 원인을 제거해야 한다. 그러나 현재의 저출산 대책 논리는 뭔가 이상하다. 저출산의 해결책으로 등장한 이민은 저출산의 원인이 아니기 때문이다. 이민자가 부족해서 저출산 현상이 발생한 것은 아니지 않은가? 한국 사회는 뭔가 의도성이 보이는 '저출산으로 인한 이민자 수입' 논리로 허겁지겁 달려갈 것이 아니라 근본 원인을 찾아야 한다. 그리고 근본 원인을 한국 사회는 이미 알고 있다.

한국 정부는 2022년부터 출산 시 200만 원, 그리고 신생아가 1세가 될 때까지 매월 30만 원 지급 등을 포함한 출산 장려책을 또 발표했다. 저출산 문제를 해결한다고 2006년부터 2019년까지 185조 원을 투입했던 한국 정부였다. 이전에 본 듯한 이 새로운 당근책은 통할까? 그럴 것 같지 않다. 어쩌면 출산 계획이 없는 여성들로부터 "어디서 약을 팔려고 해?"라는 조소를 받지 않으면 다행이다. 다음 장의 표는 정부의 출산 장려책이 언 발에 오줌 누는 수준도 안 된다는 것을 보여준다.

## 가구 소득 구간별 자녀 양육비

| 양육비 | 1억<br>7534만 원 | 3억<br>3469만 원 | 4억<br>5918만 원 | 5억<br>3022만 원 | 9억<br>9479만 원 |
| --- | --- | --- | --- | --- | --- |
| 가구 소득<br>구간 | 299만 원 이하 | 300만~399만 | 400만~499만 | 500만~599만 | 600만 원 이상 |

\* 동아일보

가구 소득이 월 500만 원이 안 되어도 아이 한 명을 대학까지 교육하는 데 드는 비용이 4억 6000만 원이다. 대학 졸업 때까지 월급의 40퍼센트 이상을 지출해야 하는데 출산 전후 겨우 몇백만 원짜리 미끼를 물 부부가 있을까? 한국의 부부들이 아이를 사랑하기에 아이를 갖지 않는 다는 것을 뒷받침할 다른 근거도 많다. 2020년 기준, 한국의 노동 시간은 연 1908시간으로 OECD 국가 중 4위다. 이는 OECD 평균보다 28일을 더 일하는 셈이며, 독일과 비교하면 무려 72일을 더 일한다. 그리고 드디어 1인당 GDP를 제쳤다고 자랑스럽게 내려다보는 일본보다 39일을 더 일한다. 철인이 아닌 이상, 부부 양쪽 모두 일과 가정을 병행하기 어렵다. 자기 집 마련은 또 어떠한가. 민주노동연구원 분석에 따르면, 평균 소득 가구가 서울에서 아파트를 구매하려면 50년이 걸린다.

그러나 이 모든 것을 뛰어넘는 가장 근본적인 저출산의 원인은 한국 자본주의 사회의 업종 간, 직종 간 그리고 정규직과 비정규 간 심각한 임금 격차다. 고용노동부 자료에 따르면, 2020년 6월 기준, 비정규직은 정규직 시간당 평균 급여(2만 371원)의 72.4퍼센트(1만 5015원)만을 받는다. 여기에 비정규직(주당 30.7시간)은 정규직(주당 40.7시간)에 비해 근무 시간도 짧기 때문에 비정규직은 정규직 급여에 한참 못 미치는 월급을 받게 된다. 이 임금 격차가 현재 한국 사회의 경쟁적 교육열의 주범이다. 미래의 좋은 급여를 위해선 좋은 직장이, 좋은 직장을 위해서는 좋은 대학이, 좋은 대학을 위해서는 좋은 입시 성적이, 좋은 입시 성적을 위해서는 좋은 과외가, 그리고 좋은 과외를 위해서는 부모의 돈이 필수적인 한국 사회다. 여기에 교육 당사자 학생은 하루 종일, 학교와 학원을 시쳇말로 '빡세게' 돌아야 한다.

이 망국적 노동 서열 문화가 오늘날 저출산과 경쟁 사회 한국의 가장 큰 원흉이다. 한국의 자살률은 OECD에서 1위다. 특히, 2020년 10대와 20대 자살률은 전년보다 증가했다. 이는 무엇을 의미하겠는가? 두 사람 사랑의 결정체인 2세를 갈망하는 젊은 부부들은 자신의 2세를 너무나 사랑하기에 이 '헬조선'에 데려오지 않기로 작정한 것이다. 아내는 아이 때문에 등골이 휘어지는 남편을 보고 싶어 하지 않는다. 남편은 아이 때문에 직장과 가정 양쪽에서 치이는 아내를 보면서도 차마 직장을 그만두라고 말하지 못하는 미래의 자신과 조우하고 싶어 하지 않는다. 한국의 수많은 부부들은 출산 억제를 통해 헬조선 사회의 종말이라는 역사적 과제를 수행하고 있는지도 모른다. 노예제 사회의 종식을 슬퍼할 사람은 노예 부부가 아니라 노예 소유주들이다. 저출산을 걱정하는 집단은 부부가 아니라 노동자의 실종을 두려워하는 자본가들이다. 이런 측면에서 한국 정부의 변죽만 울리는 누더기식 출산 장려 정책은 자본주의 국가, 리버럴 정권의 한계를 고스란히 노출하고 있다.

업종·직종 간 그리고 정규직과 비정규직 간 임금 격차를 줄이면 소위 좋은 직장, 좋은 대학, 좋은 과외는 사라지고 자신의 적성에 맞는 혹은 할 수 있는 일에 집중할 수 있는 사회가 된다. 이 사회에서 태어나는 아이는 이겨야 할 경쟁 상대에 대한 의식 없이 오롯이 자신의 세계를 추구할 수 있다. 자녀는 축복받은 신의 선물로 다시 부모에게 돌아올 것이다. 의사가 되고 싶은 것은 남을 도와주는 것을 좋아하기 때문이지 돈을 많이 벌기 때문이 아닌 사회다. 이런 사회의 구성원은 다른 구성원이 자기보다 훨씬 단순한 일을 하는데도 자기와 비슷한 경제적 보상을 받는 것을 질투하지 않는다. 누군가에게 길거리 청소는 즐겁고 어쩌면 유일하게 잘할 수 있는 일일 것이고, 누군가는 극도로 복잡한 소프트웨어 프로그램 제작도 좋아서 할 뿐이다. 그들은 서로의 꿈을 응원해 주는 사이로 공존한다.

인구학자이자 사회학자인 닐 다네샤Neel Dhanesha는 인구가 줄어들면 줄어드는 대로 인류는 그 인구로 견고한 경제를 구축할 수 있다고 말한다. 무슨 일이 있어도 인구가 줄어들어서는 안 되기에 이민을 받아들여야 한다는 주장은 인간과 인류에 대한 사랑이 아닌 노동자와 착취에 대한 집착일 수 있다. 끊임없는 팽창은 달리는 자동차와 같다. 거기에서 내리는 순간 파산을 맞이해야 하는 자본주의 사회의 자본가들은 생산을 위한 노동자가 무조건 필요하다. 이들은 외국인 노동자 유입으로 인한 사회적 비용에는 관심이 없다. 과격한 표현으로 "응, 그건 국가 너의 몫이지. 그러라고 정치 자금 대준 거잖아!"라는 태도를 유지할 뿐이다. 인구 문제에 대한 한국 자본가와 리버럴 정권의 이런 접근은 고령화 대책에도 적용된다.

## 이민자가 고령 인구를 부양한다고?

한국 사회는 확실히 급속도로 고령화되고 있다. 65세 이상 고령 인구는 연평균 4.4퍼센트씩 증가하고 있는데 이는 OECD 평균 2.6퍼센트의 1.7배로 OECD 회원국 중 가장 빠른 속도다. 한국은 2025년 65세 이상 인구가 전체의 20퍼센트가 넘는 초고령 사회에 접어들 것으로 예상된다. 2030년, 한국 여성은 인류 역사상 처음으로 평균 수명 90세가 넘으며 한국은 세계 최장수국이 될 것이라고 한다. 생산 가능 인구 감소로 말미암은 연금 재원 고갈이 예상됨에 따라 고령 인구에 대한 복지 대책 걱정은 적절한 것처럼 보인다. 여기서 드는 궁금증이 있다. 저출산 등으로 한국의 생산 가능 인구는 2020년 처음으로 줄어들었다. 그렇다면 그 이전까지 한국 고령 인구는 안녕했을까?

관련 통계와 사실은 한국 고령화 문제는 본질에 있어 이들 연금을 책임질 생산 가능 인구의 문제가 아님을 보여 준다. 한국 노인 빈곤율은 2018년 기준 43.4퍼센트로 OECD 평균의 세 배를 기록하며 1위다. 《2021 자살예방백서》에 따르면, 한국 노인의 자살률 또한 OECD 국가 중 압도적 1위이다. 법적 정년은 60세임에도 평균 퇴직 나이는 49.4세이다. 더 나아가 이들이 실질적으로 노동 시장에서 은퇴하는 연령은 72.3세인데 이 역시 OECD 1위다. 저출산으로 생산 가능 인구가 줄어든다는 뉴스를 들으며 50세가 되기 전에 퇴직당한 이 젊은 노인은 그 뒤로도 22년 동안 어디선가 일을 해야 하는 상황인 것이다. 한국 연금의 소득 대체율(은퇴 전 소득 대비 연금소득 비율)이 43.4 퍼센트(2018년 기준 OECD 평균은 58.6퍼센트)에 불과한 것도 이에 일조한다.

한국 사회 고령화와 그에 대한 대책 논의를 보면서 떨쳐 내기 어려운 궁금증이 있다. 한국을 포함한 대부분 국가에서 퇴직 혹은 연금 수령의 기준이 되는 나이 65세다. 연금은 1889년 독일 제국의 초대 수상인 비스마르크가 사회주의 운동의 발흥을 보면서 독일 노동자를 달래기 위해 시행한 것이 시초이다. 최초 70세에서 시작된 연금 지급 대상 연령은 1916년 65세로 낮추어졌다. 이후 미국도 1935년 65세를 표준으로 받아들였다. 1916년 당시 독일인 평균 수명은 47.1세였다. 1935년 미국인 평균 수명은 남성 59.9세 그리고 여성은 63.9세였다. 1940년 기준, 21세까지 생존한 미국 남성은 약 54퍼센트가 65세 연금 수령 연령에 도달해 평균 13년 동안 연금을 받았다. 한편 2021년 기준, 한국인의 기대 수명은 83.3세다. 65세부터 연금을 받는다면 18년 이상 연금 수령 대상이 된다.

이를 통해 말하고 싶은 것은 연금 수령 기간을 줄이기 위해 수령 연령을 높이자는 것이 아니다. 2021년의 한국 65세는 1세기 전 독일이나 미국의 65세와 달리 여전히 경제 활동을 할 수 있는 인구인데, 왜 65세 퇴직을 고집하느냐는 것이다. 어쩔 수 없는 노동일지라도 한국인 노동 시장 은퇴 평균 연령이 72.3살이라는 것은 이를 뒷받침해준다.

이런 면에서 2021년 4월부터 시행된 일본의 '고연령자 고용 안정법'은 우리에게 상당한 시사점을 준다. 이 법안에 따르면 일본의 기업은 종업원이 65세에 도달해도 70세까지 같은 직장에서 일할 수 있도록 하거나 외주 형태로 일할 수 있게 해 주어야 한다. 전자는 정년 연장, 후자는 고용 연장이 보장된 것이다.중요한 것은 이 법안을 평계로 기존 연금 수령 연령을 올리지 않았다는 점이다. 즉, 65세 이상이 되면 연금을 받으면서 70세까지 자신의 역량 안에서 일할 수 있는 것이다. 이처럼 15~64세 생산 가능 인구 틀을 벗어나 65세 이상에게 적절한 일자리가 주어진다면 이들은 사회적 부담이 아니라 그 자신이 생산 가능 인구가 되어 사회적 기여자로 남게 된다. 생산 가능 인구의 정년을 고집하는 이유는 도대체 무엇인가? 64세는 가능한데 68세는 불가능한 노동이 과연 얼마나 될까?

## 이주 노동자 수입은 잘못된 처방이다

한국이 다문화·다에스닉 사회가 되어 가는 것이 불가피한 상황에서 '왜 같이 살아야 하느냐?'라는 질문은 겉보기엔 과격하지만 나름의 근거가 있다. 이들이 지적한 한국 정부 다문화 정책의 모순점이 시사하는 것은 결국 이주 노동자를 둘러싼 사회 경제적 구조 개선이 동반되지 않으면, 원주민과 이주자 간 관계와 인식 개선이 이루어지기 어렵다는 점이다.

원주민이 가지는 불안감은 일반적으로 이주 노동자와의 일자리 다툼보다 범죄율에서 온다. 연간 5조 원이 넘는 이주 노동자 소득은 대부분 모국으로 송금되므로 국내 수요·고용 창출에 별 도움이 되지 않으며 국제 중매결혼의 사회적 비용 문제도 있었다. 그런 점에서 이주민이 여러 면에서 한국 사회에 긍정적이지 않다는 이들 주장도 일부 타당하다고 볼 수 있다. 오히려 원주민 노동자와의 갈등은 이주 문제와 성격이 조금 다르다. 앞서 살펴보았듯 원주민 노동자의 일자리를 위협하는 건 고용허가제를 통해 정식 입국한 이주 노동자가 아니기 때문이다. 사실 이는 국적 문제라기 보다 노동자 임금 문제를 둘러싼 정치권의 계급 인식 문제에 가까우며, 이를 이용하는 것은 극우 신자유주의 정치 집단이다.

한국 원주민의 3D 업종 기피 현상과 저출산, 고령화에 관한 정확하지 않은 문제 진단은 노동 이주자 수입이라는 잘못된 처방으로 이어졌다. 3D 업종의 열악한 조건에는 사회적 보상이 뒷받침되어야 하고 사회 인식의 패러다임 변화가 필요하다. 아이를 낳을 수 있도록 경쟁의 완화가 필요하고 고령자는 생산 가능 인구로 전환할 정책이 있어야 한다. 그러나 설령 이러한 시도가 실제로 있다고 해도 한국 자본가들의 저항에 직면할 것이며 이에 대한 리버럴 정권의 의지도 도마에 오를 것이다.

한편 이주 노동자 유입과 그에 따른 수용 국가 사회 내 불협화음은 한국에만 국한되지 않는 전 세계적 현상이다. 따라서 이를 더 큰 역사적·사회적 맥락에서 조명할 필요가 있다. 원주민의 이주자에 대한 인종 차별 그리고 그들이 가지고 있는 민족주의 정서의 실체를 글로벌 자본주의 프레임 속에서 들여다본다.

# 5

## 다문화주의, 민족주의 그리고 글로벌 자본주의의 충돌

## 이민 반대는 인종 차별인가

이민 혹은 다문화를 반대하는 것은 인종 차별racism일까? 혹은 최소한 외국인 혐오xenophobia일까? 미디어에서 인종주의자라고 지칭하는 사람들이 하켄크로이츠Hakenkreuz[31] 피켓을 들고 화난 얼굴을 한 신나치Neo-Nazi 백인만은 아니다. 한국 다문화 반대 그룹도 그렇다. 물론 그들 주장과 행동에서 감정적 배타성은 찾아보기 힘들지만 엄연한 시민 사회의 목소리 중 하나이다. 그럼에도 이민과 다문화라는, 전세계적으로 불가피하고 비가역적인 현상을 거부하는 듯한 이들은 시대 흐름에 뒤처진 이기적 집단으로 종종 거론된다.

　　박영범 한성대 경제학과 교수는 《중앙일보》에 한국은 '외국인 근로자 없이 버틸 수 없는 나라'가 되었다고 논평했다. 말마따나 이민을 반대하는 것은 나라 경제를 생각하지 않는 철없는 짓으로 보일지 모른다. 뉴질랜드의 경제학자 아서 그라임스Arthur Grimes는 "이민을 반대하는 것은 외국인 혐오증이다Anti-immigration is being xenophobic."라고 단언한다. 이 둘의 공통점은 소위 경제학자라는 점, 따라서 이민을 생산에 필수 요소인 노동력의 수입으로 이해한다는 점이다. 이들에게 이민을 반대하는 것은 경제를 반대하는 것이며, 경제를 반대하는 것은 비도덕적 차원으로까지 승화된다. 경제학자 입에서 외국인 혐오증이란 단어가 나오는 경위는 이런 것이다. 이 대목이 우리가 인종 차별 혹은 외국인 혐오증을 경제 시스템인 자본주의와 연관 지어 생각해야 할 부분이다.

21세기에 우리가 목격하고 있는 인종 차별 그리고 그 대척점에 서 있는 반인종 차별 이데올로기는 모두 한 주체가 만든 것이다. 바로 자본주의다. 이는 유명 대륙 철학continental philosophy자인 슬라보예 지젝Slavoj Žižek이 잘 지적했다. 과거 제국주의 시절 자본주의는 식민 정책 정당화를 위해 식민지 국가의 주민들을 열등하게 인종화할 필요가 있었다. 그러나 다국적 기업이 국경을 초월하며 이익을 실현하는 현재와 같은 글로벌 자본주의 시대에는 이 인종 차별 이데올로기가 오히려 이익 실현에 걸림돌이 된다. 과거의 식민지 주민은 이제 자본가와 동등한 입장에서 노동 매매 계약서에 서명할 계약 주체가 되어야 하기 때문이다. 더불어 이들은 자신들의 생산품을 구매해 줄 소중한 고객이기도 하다. 이런 왕 같은 고객을 열등 인종이라고 하는 것은 있을 수 없는 일이다. 이에 따라 글로벌 자본주의는 다문화 그리고 반인종 차별 이데올로기를 옹호하고 나선다.[32] 이 이데올로기를 통해 이민과 다문화를 반대하는 집단에 인종 차별주의라는 낙인을 찍는다.

현재와 같은 인종화된 개념으로서의 '인종race'이란 용어는 18세기 말 미국 자본주의가 세계 시스템 속에서 흑인 노예 수입과 그들에 대한 노동 착취를 정당화하고 고착화하기 위해 만든 것이다.[33] 신대륙 백인 자본가들은 안정적 착취가 가능한 노동 계급을 구축할 필요가 있었다. 이 필요에 따라 흑인을 영구적 노동 계급으로 고착화하기 위한 프로젝트로 흑인의 인종화를 진행했다. 이 인종화 프로젝트에 따라 흑인은 백인 자본가들이 기대하는 면화 따기와 같은 노동에 적합한 인종이 되었다. 이 인종화 과정을 통해 63개의 기본 인종이 탄생했고, 이들 인종에 각각 어울리는 노동이 정해지기까지 했다.[34] 자본가와 노동자라는 사회적 관계는 이제 우월 인종 백인과 열등 인종 흑인이라는 자연적 관계로 전환되었다. 자본주의가 글로벌화하면서 재편된 노동 계급과 소비 계층을 겨냥해 다문화와 반인종 차별을 내세우지만, 본질적인 자본주의의 속성은 변하지 않았다. 착취적 계급 관계를 유지하기 위한 다른 방편을 모색할 뿐이다.

계급 문제를 에스닉 정체성 문제로 바꿔치기하는 것도 그 중 하나다. 정체성 정치identity politics를 수면 위로 부상시켜 계급 의식을 감추는 것이다. 유서 깊은 이 '분리해서 지배하라divide and rule' 전략은 신자유주의 자본가들에 의해 매우 유용하게 활용되고 있다. 일례로, 뉴질랜드 저임금 분야 노동자들은 대부분 이민자들인데, 이들은 가뜩이나 노조가 쇠약한데도 서로 다른 에스닉 정체성 탓에 단합된 노동 운동을 전개하지 못하고 있다. 게다가 한국의 저임금 산업 분야 역시 원주민 노동자와 이주 노동자 간 연대보다는 경쟁 관계 혹은 서로 경계하는 양상이 보편화된 것으로 보인다. 같은 에스니시티 혹은 인종으로 노동 계급이 구성되어있다면 이들의 노동 조건 향상을 위한 투쟁은 계급 전선으로만 좁혀질 수 있을 것이다. 더 나아가 나와 같은 인종·민족이 차별 혹은 불공평한 대접을 받고 있다고 여기기 때문에, 다른 사회 구성원의 지지를 얻는 데도 유리할 것이다.

하지만 자기와 다른 인종·에스닉 그룹이 특정 계급 혹은 직종·업종에 집중되어 있을 경우, 원주민 사회 구성원들에게 이들에 대한 차별은 많은 경우 계급 차별classism이 아닌 인종 차별로 비친다. 자본주의 정치 이데올로기인 자유주의 Liberalism에 기반을 둔 인권 단체 등은 이 인종 차별에 대해 목소리를 높이지만 본질적 계급 차별은 외면한다. 한국 원주민 사회 구성원도 이주 노동자의 노동 조건을 향상해야 한다는 목소리는 나와 다른 '그 인종'의 목소리이기에 한 다리 건너의 문제로 여길 수 있다. 이주 노동자에 대한 인종 차별은 많은 경우, 본질에 있어 계급 차별이다. 21세기 부르주아는 이 이질적 인종의 새로운 프롤레타리아에 감사하고 있을 것이다.

계급 문제를 인종 문제로 치환, 왜곡하는 것은 다문화주의라는 이름을 가진 새로운 인종 차별 형식의 등장으로 강화된다.[35] 후기 자본주의의 변화된 이익 창출 방식과 보편적 의미의 리버럴리즘이 가하는 압력으로 자본주의는 과거와 같은 노골적 인종 차별을 하지 못한다. 하지만 자본주의는 이주 노동자를 이주 국가의 노동 계급 최하부에 위치시켜 착취하려 한다. 반면 보편적 리버럴리즘은 내국인과 같은 보편적 인권의 부여를 요구한다. 이에 글로벌 자본주의는 다문화주의라는 카드를 꺼냈다. 인종을 수직적 계급 구조에 끼워 넣는 대신, 수평적 문화 다양성에 끼워 넣는 작업이다. 그러나 인종 차별은 문화적 차이라는 이름으로 불릴 뿐 사실상 그 본질은 변함이 없다. 탈식민주의 철학의 대가이자 위대한 지성 프란츠 파농Frantz Fanon의 책 제목《검은 피부 하얀 가면》처럼 인종 차별이란 실체에 문화 차이라는 가면을 씌웠다. 다문화주의의 이 인종적 실체와 문화적 가면의 모순은 오늘날 이민과 다문화를 반대하는 서구 수용 국가 사회 구성원의 민족주의에서도 그대로 드러난다.

## 같은 이민 반대, 다른 민족주의

서구 민족주의 전통은 간략히 두 갈래로 구분할 수 있다. 하나는 에스니시티에 기반을 둔 폐쇄적 혈연 민족주의ethno-nationalism, 다른 하나는 자유, 평등과 같은 리버럴 가치 공유에 기반을 둔 포용적 시민 민족주의civic nationalism다. 시민 민족주의는 혈연이나 인종이 아닌 사회 문화적 핵심 가치의 공유로 국민적 정체성을 규정한다는 특징이 있다. 다인종 국가에서 쉽게 찾아볼 수 있다. 참고로 한국 사회는 혈연 민족주의 카테고리에 큰 이의 없이 속할 것이다.[36] 제1차 세계 대전 이후 혈연 민족주의는 자본주의 경기 부침과 맞물려 세계 무대 전면으로 등장과 후퇴를 반복하고 있다. 신제국주의 국가들이 식민지 쟁탈을 놓고 벌인 제1차 세계 대전은 각 민족 국가의 애국심 고취를 위해 혈연 민족주의를 자극했다. 제2차 세계 대전 후 본격적 산업 자본주의 시대가 도래하며 노동력 부족을 겪던 서구는 이전의 식민지 주민을 포함해 이질적 인종의 외국인 노동자를 수용하게 된다.

이 과정에서 인종 차별적인 혈연 민족주의는 장애물로 작용해 뒤편으로 밀려났다. 자본주의 황금기인 1950~1973년 즈음엔 서구 사회 구성원은 자기 배가 부르고 등이 따습기에 이주 노동자에 대해 "응, 그래. 너도 먹고살아야지"라는 식으로 너그러워진다. 산업 자본주의 종료와 더불어 자본주의 황금기가 끝나자, 이들 이주 노동자는 짐이 된다. 설상가상으로 세계화 덕분에 국경을 넘어오는 이주 노동자가 증가하자 혈연 민족주의는 다시 발흥하게 된다.[37]

자기 의사와 관계없이 자신의 사회·경제적 공간을 이민자가 점유해오자 시민 민족주의도 혈연 민족주의와 같이 이

침투에 저항한다. 두 진영 모두 이민자 유입의 배후에 글로벌 자본주의가 있음을 인지하고 있다. 그러나 저항 표출 방식은 다르다. 혈연 민족주의는 이민자가 에스닉 동질성ethnic homogeneity을 위협한다는 이유로 이주 노동자를 직접적 희생양으로 삼는다. 반면, 국제주의와 반제국주의 전통을 가지고 있는 시민 민족주의는 민족 국가 내 경제적 불평등과 빈곤을 악화시키는 자본주의의 세계화를 정조준한다. 따라서 이민자를 향한 인종 차별은 혈연 민족주의에서만 발견된다. 이처럼 글로벌 자본주의에 저항하는 두 민족주의는 각기 다른 동기와 저항 형식을 가지고 있는 것처럼 보인다. 하지만 현실에서 그들 간 차이는 많은 경우 모호하다. EU 소속 국가들의 유권자 투표 행태를 분석한 이주 연구가 제임스 데니슨과 앤드류 게디스James Dennison and Andrew Geddes의 연구[38]는 이 경계의 모호성을 보여 준다.

이 연구에 따르면, 최근 10년간 EU 국가 내 반이민을 내세운 정당들에 대한 지지율이 상승했지만, 이것이 곧 EU 유권자들의 반이민 정서를 대변하는 것은 아니었다. EU 집행부는 대중에 영합하는 반이민 정당의 약진이 이민에 대한 부정적 정서 탓이며, 이는 인종 차별과 외국인 혐오로 이어진다고 경고했다. 하지만 EU 국가의 유권자들이 반이민 정당에 투표한 이유는 그들이 인종주의자여서도, 외국인 혐오주의자여서도, 심지어 이민을 반대해서도 아니라고 연구 결과는 밝힌다. 이들 유권자는 단지 이민이 중요한salient 이슈라고 생각하기에 이를 어젠다로 내세운 정당에 투표했다는 것이다.

실제로 2014년과 2018년 사이에 출신과 관계 없이 모든 EU 국가의 이민자에 대한 부정적 태도는 오히려 줄어들었다. 이 모순되어 보이는 조사 결과는 이민 수용 국가 사회 구성원의 이민 관련 민족주의 정서에 관해 혈연 민족주의 혹은 시민 민족주의로 이분법적 접근을 해서는 안 된다는 것을 우리에게 시사한다. 원주민들이 이민자들에 대해 사회적 요소를 고려해 균형 잡힌 시각을 가졌음에도 이민을 반대하는 현상이 나타나는 것이다. 이 이분법적 적용의 한계는 2016년 영국 브렉시트Brexit 국민 투표에서도 발견된다.[39]

예상과 달리 찬성표가 과반을 차지한 브렉시트 국민 투표 결과의 주역은 잉글랜드와 웨일스의 노동 계급이었다. 반대 측은 이들 노동 계급이 브렉시트의 부정적 파급 효과를 제대로 이해하지 못한 채, 인종 차별과 외국인 혐오증에 기반을 두어 투표했다고 비난했다. 하지만 40여 년에 걸친 신자유주의 체제에서 국가가 자신들에게 사회 안전망과 삶의 조건 향상을 제공해 주지 못한 것을 확인한 노동 계급에게는 선택의 여지가 없었다. 신자유주의는 케인스주의[40] 정책의 자본 수익률 저하 위기를 2000년까지는 잘 극복하는 것처럼 보였다.

하지만 이때 발생한 수익 대부분이 부동산과 금융 분야에 집중되면서 제조업 수익률은 오히려 역대 최저로 떨어졌다.[41] 당연히 제조업 노동자들의 삶의 조건은 더욱 열악해졌다. 이런 상황에서 그들은 이민자들 때문에 자신이 받을 피해, 가령 취업 경쟁, 공중 서비스 및 주택 시장의 접근 어려움 가중 등으로부터 스스로를 보호할 수밖에 없었다. 자구책을 선택한 그들에게 인종주의자 혹은 혈연 민족주의자라는 굴레가 씌워진 것이다.

시민 민족주의와 혈연 민족주의 간 구분의 어려움은 다문화주의가 개입되면서 가중된다. 다문화 연구로 널리 알려진 윌 킴리카Will Kymlicka가 핵심을 찌른다.[42] 그는 "사람들은 에스닉 혹은 인종적 다양성을 싫어한다. 그러나 그들은 자신이 인종주의자 혹은 외국인 혐오자로 비치길 싫어한다. 그래서 그들은 이민으로 야기된 다문화주의를 반대하기 위해 보다 '수용 가능한acceptable' 이유를 찾으려 한다."고 말한다. 그 수용 가능한 이유는 비자유주의적illiberal 행동 혹은 범죄 등 안전 위협, 경제적 부담, 난민 신청 남용 등이다.

호주의 사례가 대표적이다. 캐나다와 더불어 1970년대부터 다문화주의를 국책으로 도입한 호주는 이론적으로 백인 원주민과 다른 에스닉 이민자 그룹의 평화로운 공존을 기대할 수 있다. 그러나 한편에서는, 무슬림 이민자 그룹을 배척하려는 움직임이 끊이지 않는다. 이 경우 배척 사유는 무슬림이 호주 자유 민주주의 가치와 법을 공유 혹은 존중하지 않는다는 시민 민족주의 언어를 빌린다.[43] 하지만 엄밀히 말하면 호주 시민 사회의 가치는 백인 원주민의 문화이며 이 문화는 '인종화된 문화'이다. 결국, 원점으로 돌아와 배타적 혈연 민족주의로 귀결된다. 시민 민족주의를 기반으로 한 다문화주의를 표방하지만, 실제는 혈연 민족주의와 다문화주의의 어색한 공존과 긴장 관계를 지속하고 있는 것이다.

이처럼 혈연 민족주의와 시민 민족주의는 구분하려는 시도 자체가 무의미하고, 어떤 형식으로든 우리 주변을 어슬렁거릴 것이다. 민족주의는 왜 이토록 집요하게 우리 곁에 머무는 것일까? 답은 간단하다. 우리는 대부분 민족 국가 안에 살고 있기 때문이다. 민족 국가가 존재하는 한 '우리us'와 '타자other'를 구분 짓는 경계는 있을 수밖에 없다.[44] 인종 차별, 외국인 혐오, 혈연 민족주의 등은 이민자라는 이름의 타자로부터 민족 국가 안에 사는 우리를 지키기 위한 공격적 방어 기제들이다. 이 타자를 우리의 사회적 공간으로 자꾸 들이미는 것은 글로벌 자본주의이다. 지금 이 순간도 이민을 둘러싸고 세계 곳곳에서 글로벌 자본주의의 전방위적 공성과 민족 국가 사회 구성원의 수성을 위한 저항이 진행 중이다. 이어지는 글은 이 글로벌 자본주의와 민족 국가 간 역학 관계에 대한 전 세계적 차원의 조감도다.

## 글로벌 자본주의와 민족 국가의 충돌

글로벌 자본주의와 민족 국가의 역할에 대한 정치 경제학적 이해는 한국 사회의 이민 현상을 이해하는 데 필수적이다. 그럼에도 한국 학계는 많은 경우 '어떻게 새로운 타자와 공존할 것인가?'라는 국가가 짜 놓은 틀 안의 어젠다에 집중한다. 지젝에 의하면 이는 정확히 글로벌 자본주의가 의도한 바이다.[45] 그는 "모든 사람이 자본주의가 우리 옆에 머물고 있음을 체념적으로 받아들인다. 비판의 에너지는, 자본주의 세계 시스템의 단일성은 털끝 하나 건드리지 못한 채, 대신 문화적 다양성을 도마 위에 올려놓는다."라고 역설한다.

　　우리가 이민과 다문화에 대한 정치 경제학적 이해를 도모하는 것은 이민과 다문화로 인한 사회적 파열음에 대한 정확한 진단과 그에 기초한 근본적 해결책을 찾기 위함이다. 한국 정부와 주류 학계의 처방이 근본적 해결과는 거리가 멀다는 느낌을 지울 수 없다. 이민과 다문화에 대한 미시적 접근과 이해에 근거한 일시적 처방 혹은 특정 계층의 이익을 반영한 정책과 제안들이기 때문이다. 현재 이주 노동자를 중심으로 이루어지는 이민과 다문화 현상은 전 세계적 차원에서 관철되는 자본주의식 이익 실현 논리에 대한 이해에서 출발해야

## 국제 노동력의 4.9퍼센트를 차지하는 국제 이주 노동자

**이주자 수**
2억 7200만 명

**15세 이상 이주자 수**
2억 4500만 명

**이주 노동자**
1억 6900만 명

\* 국제노동기구International Labour Organization·ILO

한다. 윌리엄 로빈슨과 쉬안 산투스William Robinson and Xuan Santos[46]가 이를 잘 요약해 준다.

과거 제국주의 시절부터 자본주의 세계 시스템 구축의 핵심은 '노동 시장의 세계화'였다. 지난 500여 년간 자본주의는 이 노동 시장의 세계화를 폭력적이고 잔인한 방식으로 구현했다. 2000만 명에 달하는 아프리카 흑인을 강제 이주시켜 신대륙 자본주의의 노동력으로 활용한 것이 대표적이다. 2019년 기준, 전 세계 노동자의 4.9퍼센트에 해당하는 1억 6900만 명이 이주 노동자로 알려져 있다. 현재의 글로벌 자본주의는 세계적 차원에서의 원활한 노동력 공급을 위해 각 국가 노동자에게 국경을 넘나들 수 있는 이동성mobility을 부여했다. 하지만 노동에 부여된 이 이동성은 자본에 부여된 이동성과는 본질에서 차이가 있다. 자본은 자신이 원하는 국가로 언제든지 이동할 수 있지만, 노동은 자신을 원하는 자본의 부름이 있을 때만 그 국가로 이동할 수 있다. 자본은 자신의 이동 과정에선 국가를 개의치 않지만, 자신을 위한 노동의 국제적 이동을 위해서는 국가의 이민 통제 기능을 적절하게 활용한다.

이처럼 국가의 도움으로 자본은 필요할 때 언제든지 불러 쓸 수 있는 '이주 노동자 예비군reserve army of migrant workers'을 세계 도처에 갖게 된다. 국제노동기구ILO의 리포트에 따르면, 2017년 기준 전 세계 실업자는 약 2억 명 그리고 불안정 고용 상태에 있는 노동자가 14억 명이다. 자본은 저임금 노동력의 안정적 유지를 위해 필요하면 이들 예비군을 수시로 동원할 수 있다. 여기에 한국 자본은 국내 예비군도 가지고 있다. 불법 체류자라는 이름의 40만에 가까운 대군이다. 언제든지 손쉽게 사용하고 버릴 수 있는 초착취super-exploitation 대상인 이 그룹은 존재만으로도 기존 노동자의 임금 억제 효과를 가져다주는 효자이다. 불법 체류자에 대해 국가가 강력한 추방 정책을 펼치지 못하는 것에는 이 초착취를 즐기는 자본가의 입김

이 작용하는 탓도 있다. 이처럼 21세기 글로벌 자본주의 시대에 자본가들의 착취 대상은 원주민 노동자보다 더 쉽고 더 많이 착취가 가능한 이주 노동자로 그 중심이 옮겨가고 있다.

자본가의 요청으로 이주 노동자를 받아들여야 하는 국가는 두 가지 기술적 과제를 수행해야 한다. 하나는 자본가를 위해 자국 내 노동 시장에 저임금 이주 노동자를 안정적이고 지속적으로 공급하는 것이다. 다른 하나는 원주민을 위해 이들이 선을 넘지 않도록 밀착 관리함과 동시에 언제든지 제거할 수 있는 긴장 관계를 형성하고 유지하는 것이다. 가장 중요한 첫 번째 과제를 수행하기 위해 국가는 '분리해서 지배하라' 전략을 또다시 활용한다. 이 전략은 이주 노동자에 대한 인종화 형식으로 진행된다. 먼저 국가는 노동 계급을 원주민 노동자와 이주 노동자로 분리한다. 그리고 이주 노동자를 인종화시킴으로써 전통적 단일 노동 계급을 쪼개어 이주 노동자라는 새로운 노동 계급을 탄생시킨다. 이 새로운 계급은 '인종화된 이주 노동자 노동 계급'으로 원주민 노동자 노동 계급의 하위 계급으로 자리매김한다.[47]

노동 계급 내 이 새로운 카스트 제도는 자본가와 국가에 여러모로 이득을 가져다준다. 자본은 자신들의 이익을 위해 경제적 생산에 노동자를 동원하지만 동원된 이주 노동자의 사회적 재생산에 이전 원주민 노동자에게 했던 것과 같은 관심을 기울일 필요가 없다. 가령 아파서 일할 수 없는 상태와 같이 사회적 재생산에 실패한 이주 노동자와는 계약 관계를 종료하고 건강한 새 이주 노동자를 고용하면 된다. 고장 난 부품은 수리할 필요 없이 새 부품으로 갈아 끼우면 되는 것이다. 국가도 원주민 노동자에게 시행했던 사회적 임금 형태의 부의 재분배를 이들 이주 노동자에게는 시행하지 않아도 된다. 이처럼 이주 노동자를 인종화된 이주 노동자 계급에 고착시키는 형식으로 국가는 저임금 노동자의 안정적 공급과 밀착 관리라는 두 과제를 수행한다.

　　이주 노동자에 대한 정부와 자본가의 이런 접근은 노동의 상품화를 넘어 '인간의 상품화commodification of human beings'로 이어진다. 원주민 노동자는 근무 시간 동안 자본가에게 상품으로서의 노동을 팔지만, 근무가 끝나고 집에 돌아오는 순간 노동 상품을 파는 경제적 생산 활동을 멈추고 사회적 재생산 과정에 자유롭게 참여하며 인간임을 느끼고 삶을 즐기는 시간을 가질 수 있다. 하지만 이주 노동자는 자신의 근무가 끝나도 이 상품화 상태를 종료시키지 못한 채, 여전히 상품으로 존재한다. 이들에 대한 제도적 배척, 사회의 비우호적 시선, 인종 차별, 외국인 혐오로 근무 이후에도 인간으로서 사회적 재생산을 위한 정상적 휴식 활동에 참여하지 못하는 것이다. 마치 원자재처럼 밤새 불 꺼진 창고에 보관되어 있다가 다음날

생산 라인에 다시 투입되는 사이클이 반복된다.

이주 노동자 수입을 둘러싼 민족 국가 역할에 대해 다소 부정적인 해석을 내놓았지만 국가가 자본의 사냥개 역할에만 충실하다는 결론으로 직행하는 것은 위험하다. 한국은 리버럴 정부를 가진 자본주의 민족 국가이다. 이 정의에는 세 가지 큰 개념이 포함되어 있다. 리버럴리즘, 자본주의 그리고 민족 국가. 자본주의를 국가 기본 경제 시스템으로 인정하여, 자본가의 이익 실현이 원활하게 구현될 수 있는 사회적 환경 조성과 사회 구성원 관리에 초점을 맞춘 정책을 시행하는 한국 정부는 리버럴리즘과 자본주의를 동시에 구현해야 하는 처지다.

전자는 정치 이데올로기로, 후자는 경제 시스템으로 받아들여지지만 사실 이 둘은 개인주의라는 같은 아버지를 가진 이복형제이자 서구 근대화의 두 주역이기도 하다. 이주 노동자를 둘러싸고 정치적으로나마 수평적 평등을 추구하는 리버럴리즘은 수직적 계급 질서를 추구하는 자본주의와 지속해서 부딪칠 수밖에 없다. 여기에 원주민의 혈연 민족주의 성향은 정부가 추가로 신경 써야 하는 대상이다. 한국 원주민의 강한 민족주의는 때론 이민자 유입을 둘러싸고 리버럴리즘의 기대와 자본주의 압력을 압도하기도 한다. 이처럼 자본주의 민족 국가인 한국의 리버럴 정부는 글로벌 자본주의의 압력,

명분상 외면할 수 없는 리버럴의 목소리 그리고 유권자 원주민의 볼멘소리 사이에서 줄타기와 같은 이민·이민자 정책을 펼쳐야 하는 상황에 놓인다.

그렇다면 이 샌드위치 신세의 한국 정부는 이민 및 다문화와 관련하여 어떤 모습의 미래를 그리고 있을까? 언제까지 40만 명에 가까운 불법 체류자를 끌어안은 상태에서 문제가 불거질 때마다 누더기식 혹은 원주민 눈치보기식 처방으로 버틸 수 있을까? 또 한국 원주민은 이민과 관련하여 한국 사회가 어떤 방향으로 나아가길 원할까? 어쩌면 가장 노골적 질문을 던져야 할 시점이 지금일지 모른다. "한국은 다문화 국가가 될까?"

## 한국은 다문화 국가가 될까

미국 정치학자 티머시 림Timothy Lim은 확신에 찬 목소리로 "한국은 다문화 국가가 될 것"이라고 단언한다.[48] 그의 이런 확신은 1970년대 이후 서독 내 이주 노동자의 이주 정착 과정 migration process을 한국이 답습하고 있다는 관찰에 기반을 둔다. 이주 노동자의 최초 이주 동기는 경제적 요인이었지만, 이후 여러 이유로 애초 계획보다 더 오래 이주 국가에 체류하게 된다. 이러한 상황 변화는 임시 체류자들이 영구 정착하기 직전에 목격되는 현상을 야기한다. 그들만의 집단 거주지ethnic enclaves, 그들만의 식품점ethnic groceries 그리고 그들을 겨냥한 각종 편의 시설의 등장이다. 한국에서도 같은 현상이 발생하고 있다. 서울 대림2동과 안산시 원곡동은 이주자들의 집단 거주지와 더불어 그들만의 집단 상권ethnic precincts이 형성된 대표적 장소이다. 한국의 주류 비즈니스도 이주자들을 둘러싸고 형성된 이 이민 산업immigration industry에 적극 동참하고 있다. 가장 대표적인 것이 이주자들의 본국 송금 시장을 선점하려는 은행들이다.

일단 이런 이주 정착 과정이 시작되면 체류 기간이 다된 이주자들을 본국으로 송환하려는 이주국 정부의 시도는 실패로 끝난다. 서독이 1955년부터 1973년까지 시행한 게스트 워커guest worker 프로그램을 종료하면서 이주 노동자들을 본국으로 송환하려 시도했을 때 겪은 일이다. 같은 현상이 현재 한국에서도 벌어지고 있다. 그렇다면 비자 체류 기간을 넘겨 불법으로 체류하는 이주자들에 대한 국가의 추방 시도는 왜 실패할까? 그 이유 중 하나는 만인의 평등 인권을 옹호하는 리버럴리즘의 민주적 규범과 절차이다. 국가는 실정법에 따라 불법 체류자를 추방할 명분과 권력을 가졌으나, 그 실행은 법원 판결로 종종 제한받는다. 법원은 단순히 국내 실정법만 고려하는 것이 아니라, 보편적·사회적 권리와 인권 그리고 관련 국제 규약도 참조하기 때문이다. 사회학자 크리스찬 조프

케Christian Joppke의 표현을 빌리자면, 국가는 '자기 제한적 통치 권self-limited sovereignty'만 행사할 수 있다.[49] 더불어 이주 노동자, 친이주자 시민 단체 그리고 인권 활동가들의 공동 저항도 정부로서는 정치적 부담이 될 수밖에 없다. 그렇다면 이주 정착 과정이 개시되지 않도록 사전 예방 조치를 하면 이들의 정주를 막을 수 있을까?

정부에 유감스럽게도 이주 노동자의 정주를 막지 못하는 보다 근본적 이유는 리버럴리즘 때문이 아니라 자본주의 때문이다. 서독 정부가 체류 기간이 만료된 이주 노동자들을 본국으로 송환하려 시도했을 때 가장 크게 반발한 집단은 이들을 고용했던 자본가 혹은 고용주들이었다. 고용주들의 저항에 부딪힌 서독 정부는 결국 불법 체류자 송환 계획을 포기하기에 이른다.[50] 고용주들이 극력으로 반대한 이유는 첫째, 훈련해서 쓸만하니까 이들이 본국으로 돌아가는 셈이 되기 때문이다. 이 경우 신입 노동자를 다시 받아들여 훈련해야 하는 비용과 신규 채용에 따른 위험 부담을 감수해야 한다. 둘째, 외국인 노동자가 일하는 곳이 대부분 저임금 3D 업종과 같은 특정 업종에 집중된 까닭에 서독 원주민 노동자는 이 업종을 꺼리기 때문이다. 따라서 이 업종은 계속 구인난을 겪을 가능성이 높다.[51]

서독 게스트 워커 프로그램을 타산지석 삼아 단순기능

인력 이주 노동자의 정주화를 예방하기 위해 순환 원칙을 도입하고 실행한 한국 정부이지만, 역시 실패를 눈앞에 두고 있다. 저생산성 산업 분야는 저임금 노동에 의존할 수밖에 없는 구조가 되었다. 결국, 이주 노동자에 의지하게 된다. 이런 직종·업종은 인종화가 이루어지면서 저임금, 3D 노동 조건으로 한국 원주민 노동자가 외면하는 악순환이 반복되고 있다. 단순기능 인력 이주 노동자의 순환 원칙은 무너진 지 오래다.[52] 그리고 더 중요한 것은, 저생산성 분야의 저임금 구조에 대해서 자본주의 국가 한국의 리버럴 정권은 구조적 개혁을 시도할 계획도 의지도 없어 보인다. 즉, 이주 노동자의 지속적 공급을 통해 저생산성 섹터의 저임금 구조를 유지하는 정책을 앞으로도 고수할 것이다.[53] 따라서 '구조적'으로 이주 노동자를 필요로 하는 한국 자본주의 사회가 이주 노동자의 정주를 '구조적'으로 막는다는 것은 어불성설이다.

단순기능 인력 이주 노동자의 정주화 가능성은 다른 측면에서도 높아지고 있다. 전문 인력만 영주권을 받을 자격이 있고 단순기능 인력 이주 노동자에게는 영주권을 주어서는 안 된다는 전통적 인식과 프레임이 무너지고 있음이 감지된다. 대표적인 직종이 요양원 노인 돌봄 서비스이다. 캐나다 라이어슨대학Ryerson University의 연구가 말해 주듯, 영주권 부여의 기준이 이제는 신청자의 지식이나 기술에서 직종·업종의 사회적 필요성으로 옮겨가고 있다. 원주민 노동자가 관심을 두지 않는 상황에서, 단순기능직이라는 이유로 사회 필수 직종·업종을 언제까지 순환형 이주 노동자로 채울 수 없다는 사회적 동의가 이루어지는 듯하다. 필수 단순기능 직종·업종을 구조적으로 이주 노동자에게 의존하는 한국은 시간문제일 뿐, 이들에게 정주의 길을 열어 줄 수밖에 없을 것이다. 그리고 정주를 허락받은 이주 노동자들은 한국에 가정을 꾸릴 가능성이 높다.

이주 노동자들과 이들 가족의 한국 사회 정주가 시작되면 지금과는 다른 양상이 전개될 것이다. 지금까지 결혼 이주자의 한국 사회 수용은 이들의 한국인 배우자 덕분에 당연스럽게 받아들여졌다. 한편 이주 노동자는 경제적 필요성이 인정되지만, 이들 직종과 계급의 인종화를 통해 같은 한국 사회에서도 선을 넘어오지 않도록 감시되고 관리 당했다. 하지만 이주 노동자 출신 영주권자와 그 가족들은 이제 이주 노동자로서도, 배우자로서도 아닌 '인간'으로서 한국 사회의 구성원이다. 이주 노동자가 비닐하우스 농장에서의 근무를 통해 영주권을 받았으니까 그 이후에도 같은 직종에서 일할 것을 기대할 수도, 강요할 수도 없다.

한국이 다문화 국가가 되는 것이 기정사실이라면, 한국 원주민은 새로운 사회 구성원을 자신과 동등한 사회 구성원으로 인정할 자세가 되어 있는지 를 스스로 물어볼 때다. 조선족 이모는 더는 음식점 홀서빙만 하지 않을 것이며, 〈오징어 게임〉의 알리도 더는 선반에 손가락이 잘릴 위험을 안고 3D 업종에서 일하지 않을 것이다. 원주민은 조선족 여사장님이 운영하는 식당 주방에서 일하는 것도, 알리가 운영하는 중고차 수출 회사에서 세차하는 일도 자연스럽게 받아들여야 할 것이다. 조선시대에 데리고 있던 머슴이 갑자기 출세하여 돌아온 것처럼 상황 변화를 받아들이지 못한다면 문제가 된다.

한편, 이주 노동자는 영주권을 통해 인종화된 계급으로부터 탈출할 수 있다. 그러나 한국 원주민의 인식 변화가 없다면 이주 노동자 출신 '2등 시민'이라는 인종화로부터는 해방될 수 없다. 이것이 터키 이민자들이 현재 독일에서 경험하는 현실이다. 터키 이주 노동자 출신들은 1세대는 물론 외질 같은 3세대도 비공식적 인종화의 대상으로 남아 있다. 이들은 공식적으로는 다른 업종과 직종을 선택할 자유와 권리가 있지만, 대부분은 여전히 저임금 3D 업종에 머물고 있다. 독일 원주민 사회의 보이지 않는 '밀어내기'는 분명히 작동 하고 있다. 한국에서도 같은 일이 벌어질 수 있다. 알리의 자녀가 계급의 사다리를 오르려 할 때, 누군가 "감히, 너 따위가?"를 외치며 그 사다리 윗부분을 자르려 할 것이다.

누군가 저임금 노동을 안정적으로 제공해 주기를 바라

는 자본주의 국가 한국은 이주 노동자와 그 후손들이 이 인종화된 노동 계급에 계속 남아 주길 원할 것이다. 이런 바람은 원주민과 같은 사회적 권리를 만끽하며 살고 싶어하는 이주자와 그 후손들의 저항을 불러일으킬 것이다. 이럴 경우 사회적 긴장은 높아지고 외국에서나 보았던 폭력적 인종 갈등이 한국에서도 재현될 수 있다. 너무 디스토피아적인가? 꼭 그래야 하는 것은 아니다. 한국 사회는 이를 막을 수 있다. 하지만 리버럴 정부와 학계가 주장하는 다문화 교육 같은 것으로 막을 수는 없다.

누차 강조했지만, 이주 노동자에 대한 인종화는 인종과 입을 맞춘 자본주의의 구조적 결과물이다. 계급 간 불평등 구조에 인종을 삽입한 모양새다. 계급 간 불평등이 없어진다면 혹은 유의미하게 줄어든다면 사회 구성원의 인식은 자연스럽게 변한다. 새로운 이민자가 들어와도 여전히 내 배가 부르고 등이 따습다면 친절한 원주민으로 남을 것이다. 결론적으로 그리고 궁극적으로, 빈부 격차 없는 사회를 어떻게 만들 수 있는가를 고민하는 것이 다문화 국가 한국을 맞이하는 기본자세가 되어야 할 것이다.

## 결국은 구조적 문제다

이민을 경제적 생산에 필요한 노동력의 수입으로 이해하는 자본가와 리버럴 경제학자들에 의해 이민·다문화를 반대하는 그룹은 종종 인종주의자라는 낙인이 찍힌다. 그러나 인종 차별은 반인종 차별 혹은 다문화주의와 더불어 자본주의 노동력 착취의 역사적 방식에 따라 수단처럼 동원된 이데올로기이다. 21세기, 세계 곳곳의 노동력을 자유롭게 착취하고 싶은 글로벌 자본가는 다문화주의와 반인종 차별 이데올로기를 앞세운다. 동시에 자본가와 노동자라는 계급 관계의 본질을 호도하고 노동 계급을 분리하여 통치하기 위한 수단으로 에스니시티를 중심으로 한 정체성 정치를 내세운다. 이 에스닉 정체성 정치는 다문화주의로 이어져 실체에서 위계적 인종 차별을 수평적 문화 차이로 포장한다. 이 인종 차별과 문화 차이는 많은 경우 혼재된 모습으로 나타난다.

이민을 반대하는 민족주의 운동에서도 이 인종 차별과 문화 차이 간 모호성이 발견된다. 앞에서 살펴봤듯 이민자 유입에 대해 혈연 민족주의와 시민 민족주의의 태도는 다른듯 비슷하다. 유럽의 사례는 오히려 글로벌 자본주의로부터 국가가 자신을 지켜주지 못하는 것에 대한 자구책의 성격에 가까웠다. 다문화주의가 국책인 호주 사회의 무슬림 이민자 배척은 리버럴 가치의 공유라는 시민 민족주의 언어를 빌리지만, 백인 문화의 수용이라는 배타적 혈연 민족주의 실체를 가지고 있었다. 이민에 관한 한 민족주의는 우리 곁을 떠나지 않을 것이다. 이민을 야기하는 것은 국경을 초월하는 글로벌 자본주의인 데 반해, 우리는 대부분 민족 국가라는 경계 안에 머물고 있기 때문이다.

자본주의가 세계 시스템 구축에서 핵심으로 여기는 기능은 노동 시장의 세계화다. 이 노동 시장의 세계화로 자본가의 착취 대상 중심이 원주민 노동자로부터 이주 노동자로 옮겨가고 있다. 이주 노동자를 수입한 국가는 자본가를 위한 안정적 노동력 제공과 원주민 불안감 완화를 위해 이들을 인종화해서 고립시킨다는 점을 앞에서 짚었다. 이주 노동자는 인종화된 노동 계급이 되어 원주민 노동자 계급의 하위에 자리매김하며, 노동 시간 외 사회적 재생산 기회를 갖지 못한 채 총체적 인간 상품화 경험을 하게 된다. 국가는 자본가의 압력, 보편적 리버럴리즘, 그리고 유권자 원주민의 목소리 사이에서 줄타기를 하며 가까스로 이민·이민자 정책을 펼치게 된다.

정부가 아무리 줄타기를 잘해도 한국은 과거 서독의 사례처럼 결국 다문화 국가가 될 것이다. 결국 근본적 이유는 자본주의, 즉 이들 이주 노동자에게 구조적으로 의존하는 저생산성 분야 고용주들 때문이다. 게다가 사회 필수 직종의 이주 노동자에게는 영주권을 부여하자는 움직임이 세계적으로 감지되며 이들의 정주화 가능성은 더욱 높아지고 있다. 이들을 대상으로 제2의 인종화가 이루어지지 않으려면 원주민의 인식 변화는 필수다. 이를 위해 문제의 근원인 계급 간 빈부격차를 줄이려는 노력이 필요하다. 이 노력은 한국에만 국한되어서는 의미 있는 결과를 얻지 못할 것이다.

에필로그

평등한 다문화 세계를
향하여

## 전환기의 한국 사회

2021년, 한국 인구의 5퍼센트는 전통적 의미의 한국인이 아 닌 이민 배경을 가진 이질적 에스닉 그룹이다. 이 중 한국 정 부의 주목을 받는 그룹은 결혼 이주자와 단순기능 인력 이주 노동자다. 전자는 농어촌과 도시 빈민의 경제적 생산을 뒷받 침할 사회적 재생산 수단으로, 후자는 저생산성 분야에서 저 임금으로 고용 가능한 경제적 생산 주체로 각각 한국 사회에 등장했다. 국가 프로젝트로 유입된 두 그룹이지만 이들에 대 한 한국 정부의 정책은 다르다. 결혼 이주자 그룹은 항구적 사 회적 재생산을 목적으로 하는 만큼 정주를 위한 이민자 정책 이 적용된다. 이주 노동자 그룹은 일시적인 경제적 재생산을 목적으로 하는 만큼 정주를 막기 위한 이민 정책이 적용된다. 이런 한국 정부의 이민자 정책과 이민 정책은 많은 문제점을 노출하고 있다.

다문화주의를 표방하며 결혼 이주자를 대상으로 시행 하는 한국 정부의 이민자 정책은 다문화 사회 정책이 아니라 다문화 가족 정책이다. 결혼 이주자는 독립적 주체로서 한국 사회에 참여하는 것이 아닌, 사회적 재생산 수단이란 종속적 주체로서 한국 가족에 참여한다. 이는 필연적으로 이들에게 한국 사회 동화를 주문하면서 다른 한편에서는 타자화 형식 으로 이들을 밀어내게 만든다. 단순기능 인력 이주 노동자는 체류의 한시성이 강조되면서 아예 한국 사회 구성원에서 배제된다. 그러나 이들을 구조적으로 또 항구적으로 필요로 하는 한국 자본주의 특성상 이들 체류의 한시성은 무너진 지 오래다. 이들은 이미 한국 사회의 실질적 구성원이다. 한국 정부가 40만 명에 육박하는 불법 체류자를 제거하지 않는 혹은 못하는 것도 이들에게 저임금 노동력을 구조적으로 또 절대적으로 의존하는 저생산 분야 고용주들의 압력 때문이다. 이 경제적 필요성을 바탕으로 이주 노동자의 수입과 그에 따른 한국 사회 다에스닉화는 불가피하고 비가역적이라는 주류 담론이 한국 사회에 형성된다.

이 주류 담론에 이의를 제기하는 시민 그룹이 있다. 소위 다문화 반대 그룹이다. 이들은 결혼 이주자와 이주 노동자의 도입 배경과 부정적 여파에 대해 다각적으로 지적한다. 도입 결정에 대한 국민적 동의 부재, 원주민 노동자의 일자리 위협, 이주자의 높은 범죄율, 본국 송금으로 인해 저조한 국내 경제 기여도, 양산된 국제 중매결혼의 폐해와 이에 따른 사회적 비용 등이다. 이들 주장은 많은 경우 타당성이 입증된다. 이들은 또 정부와 주류 학계가 이주 노동자 수입의 명분으로 꼽는 원주민의 3D 업종 기피, 저출산율 그리고 고령화에 대해서도 근본적 검토를 요구한다. 다시 말해 원주민 노동자의 3D 업종 기피 현상의 본질은 저임금에 대한 기피라는 점, 저출산의 근본적 원인은 한국 자본주의의 직·업종 간 극심한 임금 격차라는 점, 고령 인구는 여전히 생산 가능 인구로 사회에 이바지할 수 있다는 점이다. 그럼에도 한편으론 다문화 반대 목소리를 내는 이 시민 그룹은 인종주의자라고 비난받기도 한다.

사실상 인종 차별은 자본주의 노동력 착취의 역사적 방식에 따라 동원된 이데올로기에 가깝다. 반대 이데올로기인 반인종 차별도 마찬가지다. 역사적으로 자본주의는 필요할 때마다 인종 카드를 꺼내어 계급 간 문제를 인종 간 문제로 변질 및 왜곡시켜 왔다. 허울 좋은 수평적 문화 차이는 대개 수직적 인종 차별을 포장하려는 자본가의 정체성 정치로 볼 수 있다. 앞서 살펴본 바와 같이 이민에 반대하는 두 민족주의 운동에서도 이 혼동은 발견된다. 진짜 문제는 글로벌 자본주의에 있다. 인종, 문화, 계급을 적절하게 조율하는 자본주의의 궁극적 목적이 저임금 노동력의 안정적 착취이기 때문이다. 이를 위해 글로벌 자본주의는 노동 시장 세계화를 통해 이주 노동자를 수용 국가의 노동 계급 최하부에서 고정하려 한다. 이러한 시도로 이주 노동자는 인종화된 새로운 노동 계급으로 원주민 노동 계급 아래에 놓인다.

신자유주의, 글로벌 자본주의의 노동 시장 세계화 프로젝트로 현재 한국은 다문화 국가로 그리고 다에스닉 사회로 변모하는 과정에 있다. 글로벌 자본주의는 이 과정에서 발생하는 사회적 비용을 국가에 떠넘긴다. 신자유주의 한국 정부는 다시 이 비용과 고통을 원주민에게 떠넘길 것이다. 이익의 사유화와 고통의 사회화는 신자유주의의 트레이드 마크이기 때문이다. 이처럼 한국이 다문화 국가로 그리고 다에스닉 사회로 변모하는 과정에서 원주민의 고통은 불가피하다. 독일 원주민의 터키 이주자에 대한 부정적 태도에서 볼 수 있듯, 이 고통에 대해 한국 원주민들은 이주 노동자를 향한 반감 표출로 저항할 것이다. 브렉시트 찬성으로 이민자 유입에 저항한 잉글랜드와 웨일스 노동 계급처럼, 이주자와 제한된 자원을 놓고 경쟁해야 하는 한국 저임금 노동 계급의 반발은 특히 심할 것이다.

이처럼 이민과 다에스닉화를 둘러싸고 사회적 긴장과 갈등이 예상되는 가운데, 한국 원주민이 할 수 있는 일은 무엇일까? 할 수 있는 일이 있기나 한 걸까?

## 축복받을 다문화 세계를 향하여

이민을 둘러싼 수용국의 사회적 긴장과 갈등의 발단은 외국인 노동자의 유입이다. 노동자의 국제적 이동이 발생하는 것은 국가 간 임금의 현격한 차이에서 비롯된다. 이를 없애거나 유의미하게 줄이는 것이 이동을 막는 궁극적 방법이다. 국가

간 임금 격차를 어떻게 하면 해소할 수 있을까? 임금 수위의 보이지 않는 벽으로 작용하는 것은 민족 국가라는 둑이다. 이 둑 갑문을 허물면 세계 각국은 똑같은 임금 수위를 기록하지 않을까? 글로벌 자본주의의 노동 시장 세계화를 통해 이 갑문은 부분적으로 열려 있다. 이들 갑문의 문고리는 국가가 쥐고 있다.

이것이 완전히 열리지 않는 이유 중 하나는 국가가 유권자인 사회 구성원도 의식해야 하기 때문이다. 갑문을 완전히 개방하면 저임금 원주민 노동자가 전멸하는 아수라장이 될 것을 국가는 알고 있다. 또 다른 이유는 글로벌 자본주의도 저임금 노동력의 지속적 착취를 위해 모든 민족 국가가 일시에 갑문을 완전 개방하는 것을 원하지 않는다. 시간을 가지며 저개발국 노동자를 시간차 공격하고 싶어 하기 때문이다. 따라서 현재와 같이 글로벌 자본주의와 민족 국가가 병립하는 한, 국가 간 임금 격차가 가까운 시일 내 해소되기란 불가능에 가깝다.

수용국 내 이주자와 원주민 사이 사회적 긴장과 갈등은 본질적으로 계급 문제다. 다양한 경로를 통해 이주 노동자는 수용 국가의 새로운 사회 구성원이 되지만, 이들과 원주민 사이 긴장과 갈등은 존속한다. 이들이 계급 사다리의 맨 아래에 위치한 인종화된 새로운 노동 계급에서 더 올라오지 않기를 바라는 수용국 정부, 자본가 그리고 원주민은 공동 전선을 형성한다. 그간 원주민 전용이었던 자원이나 고급 직장을 넘보지 말라는 원주민 사회의 전방위적 경고에 대해 보편적 리버럴리즘을 전면에 내세운 이주자들은 저항한다.

이 긴장과 갈등의 궁극적 해결 방안은 이주자들이 이 계급 사다리를 올라 갈 수 있는 환경을 조성해 주는 것이 아니다. 상향 이동성upward mobility이란 이름으로 미화되기도 하지만, 계급 사다리를 통한 사회 경제적 지위 상승 시도는 결국 주변 누군가를 딛고 올라서거나 사다리 위 누군가를 끌어내 갑이 되려는 을의 시도다. 따라서 궁극적 대책은 계급 간 임금 격차의 해소, 더 나아가 계급 자체의 소멸이다. 상위 계급과 하위 계급 간 빈부 격차가 사라지면 더 높은 사다리에 올라가기 위한 사회 구성원 간 경쟁도 사라진다. 경쟁할 필요가 없으면 이주자도 원주민의 경계 대상 목록에서 빠지며 인종 차별도 없어진다. 어느 직종 어느 업종에 있더라도 생존 경쟁의 구도를 탈피하면 우리는 모두 서로에게 너그러워진다.

이민을 둘러싼 현재의 사회적 갈등은 글로벌 자본주의의 세계성globality과 민족 국가의 토착성locality 간 모순으로 야기됐다. 쉽지 않겠지만 이는 궁극적으로 '글로벌 탈자본주의와 탈민족 국가'로 극복해야 한다. 자본 축적과 저임금 노동력 착취를 목적으로 하는 현 세계화는 더 싼 노동력을 착취할 여지를 만들기 위해 민족 국가의 존속을 바란다. 국가 간 임금 격차를 공고히 하는 민족 국가가 사라지고 전 세계 노동자의 임금 평준화가 이루어지는 것은 글로벌 자본가들에게 재앙이기 때문이다. 이 모순은 자본주의가 주도하는 세계화를 대신할 탈자본 국제주의internationalism 그리고 이후 민족 국가를 대신할 새로운 체제, 대표적으로 세계 공화국의 등장을 통해 극복할 수 있다.

오랜 역사적 전통을 가진 탈자본 국제주의는 신자유주의적 세계화의 문제점을 비판하며 제시되는 대안적 세계화 개념 중 하나다. 각국 노동 환경에 초점을 맞추는 국가 단위의 사회 개혁이 아닌 전 세계적인 노동자의 연대와 시민 사회 운동을 강조한다. 함께 언급한 세계 공화국에서는 착취가 아닌 부의 재분배를 위한 세계화가 이루어지며, 세계 시민 노동자의 임금은 좋은 의미에서 평준화될 것이다. 당연히 이 세계 공화국은 탈자본주의non-capitalism 경제 시스템을 도입할 것이다. 사회 구성원 간 경제적 평등 그리고 경제 민주주의가 실현되면 지금과 같은 에스닉 그룹 간 긴장과 갈등은 자연스럽게 소멸한다. 인종과 계급이 빠진 사회 구성원의 다문화는 이제 진정으로 축복해야 할 인류의 다양성이 될 것이다.

숱한 문제를 야기하는 민족 국가나 글로벌 자본주의는 당장 사라지거나 스스로 소멸하지 않을 것이다. 대안으로 제시한 글로벌 탈자본주의와 탈민족 국가는 글로벌 자본주의를 대체할 충분한 잠재력을 가지고 있다. 글로벌 탈자본주의와 탈민족 국가 시도는 이미 한 세기 전부터 있었다. 노동 운동의 국제적 연맹체가 그것이다. 그러나 이 시도는 1916년 제2인터내셔널의 와해와 함께 역사에서 자취를 감췄다. 국제주의 기치 아래 전 세계 노동자의 연대를 추구했던 유럽 사회주의 계열 정당들이 제1차 세계 대전이 터지자 자국 이익을 위해 참전을 결정했기 때문이다. 이전까지 동지였던 수백만 노동자들은 자국 자본가를 위해 서로에게 총부리를 겨누며 참호에서 무의미하게 죽어 나갔다. 노동 계급의 보편성이 민족 국가의 특수성에 무릎 꿇은 사건이다.

이민을 둘러싼 문제의 해결은 세계의 모든 사람, 특히 사회적 약자를 위한 방식이어야 한다. 현재와 같은 자국 원주민 노동자와 사회 구성원만을 위한 처방을 뛰어넘어야 한다. 하수도가 없어 오물 범벅인 판자촌에서 생활하는 저개발국 노동자도 같이 배려해야 한다. 국제주의 정신은 민족 국가의 배타성 아래 불거지는 이민 관련 이슈를 풀어갈 열쇠가 될 수 있다. 자유 무역을 대신해 공정 무역이 주목받듯, 수용국과 송출국 사회 구성원 모두를 염두에 둔 '공정 이민fair immigration'은 어떤 형식이 될 수 있을까?

우리 모두는 문제의 근본적 해결을 추구해야 한다. 흙

수저를 물고 태어난 사람에게 "너는 금수저와 똑같다"라고 주문을 외우듯 반복해도 똑같아지지 않는다. 이민을 둘러싼 사회적 파열음 역시 원주민에 대한 다문화 교육과 같은 것이 아닌 구조적 접근을 통해 해결해야 한다.

현대 소설 《배따라기》의 작가 김동인은 1945년 8월 15일, 일왕이 항복 선언을 하기 두 시간 전에 조선 총독부를 찾아가 시국에 공헌할 새로운 작가단을 꾸리자고 제안했다. 해방을 예상하지 못하고 권력에 천착한 것이다. 한국 원주민이 지금 경험하는 한국 자본주의는 지난 40여 년간 글로벌 신자유주의적 자본주의와 함께했다. 김동인에게 일제 치하 35년이 그랬던 것처럼, 많은 한국 사회 구성원에게 한국 사회의 지금 모습은 앞으로도 변하지 않을 디폴트default mode로 다가갈지 모른다. 하지만 역사는 늘 그렇지 않음을 보여 준다. 한국 사회는 변할 수 있고, 지금까지 변해 왔고, 앞으로도 변할 것이다. 시간이 걸리더라도 근본적 해결을 향해 한 걸음 한 걸음 전진하는 것이 필요할 뿐이다.

주

1 _ 옥스포드 사전에 따르면 "공통된 문화적 배경 혹은 혈통을 가진 사람들로 구성된 인구 그룹 혹은 하위 그룹에 귀속되는 특성 혹은 사실"을 의미한다.

2 _ 2018년 Stats NZ Tatauranga Aotearoa 인구 조사 중 민족 그룹 통계 기준.

3 _ An ethnic group or ethnicity is a grouping of people who identify with each other on the basis of shared attributes that distinguish them from other groups. Those attributes can include common sets of traditions, ancestry, language, history, society, culture, nation, religion, or social treatment within their residing area.

4 _ 유튜브 채널 〈수의 다이어리 Su's Diary〉

5 _ 김성일 외 8인, 《다문화사회의 이해: 9가지 접근》, 태영출판사, 2012.

6 _ 이성미, 《다문화 코드: 코리언 드림 해법 찾기》, 생각의나무, 2010.

7 _ 난민법상 난민 인정 사유에는 해당하지 않으나, 고문 등의 비인도적인 처우나 처벌 또는 그 밖의 상황으로 인하여 생명이나 신체의 자유 등을 현저히 침해당할 수 있다고 인정할 만한 합리적인 근거가 있는 경우(난민법 제2조 제3호).

8 _ 박노영, 〈신자유주의적 세계화와 한국의 재벌체제 및 노동체제 개혁〉, 《사회과학연구》, 13, 2002., 135-158쪽.

9 _ 박대식·최경은, 〈농촌의 다문화가정 실태와 정책방향〉, 한국농촌경제연구원, 2009.

10 _ 김성일 외 8인, 《다문화사회의 이해: 9가지 접근》, 태영출판사, 2012.

11 _ 2021년 4월 기준, 13만 4194명.

12 _ Wayne. P. and Antje. M., 〈Enforcing labour rights of irregular migrants in Indonesia〉, 《Third World Quarterly》, 40(5), 2019., pp. 908-925.

13 _ 인도 카스트 제도의 승가혼(昇嫁婚). 일반적으로 자신보다 우수한 사회적, 교육적 배경을 지닌 사람과의 결혼이나 성적 관계를 의미한다.

14 _ Hye-Kyung Lee, 〈An overview of international migration to South Korea〉, 《Social Transformation and Migration》, 2015., pp. 81-95.

15 _ 김철효, 〈한국의 이주노동자 정책 현안과 개선방안〉, 한국노동조합총연맹 대선정책 이슈페이퍼, 2021.

16 _ 설동훈, 〈국제 노동력 이동과 외국인 노동자의 시민권에 대한 연구: 한국·독일·일본의 사례를 중심으로〉, 《민주주의와 인권》, 7(2), 2007.10., 369-420쪽.

17 _ 김철효, 〈한국의 이주노동자 정책 현안과 개선방안〉, 한국노동조합총연맹 대선정책 이슈페이퍼, 2021.

18 _ 출입국 허락의 표시로 여권에 찍어 주는 보증이 없이 그 나라에 드나들 수 있게 하는 것.

19 _ Nora Hui-Jung Kim, 〈Multiculturalism and the politics of belonging: the puzzle of multiculturalism in South Korea〉, 《Citizenship Studies》, 16(1), 2012., pp. 103-117.

20 _ 이규용, 〈외국인 비합법 체류 및 고용실태〉, 《노동리뷰》, 181(4), 2020., 30-49쪽.

21 _ Geon-Soo Han, 〈Multicultural Korea: Celebration or challenge of multiethnic shift in contemporary Korea?〉, 《Korea Journal》, 47(4), 2007., pp. 32-63.

22 _ Nora Hui-Jung Kim, 〈Multiculturalism and the politics of belonging: the puzzle of multiculturalism in South Korea〉, 《Citizenship Studies》, 16(1), 2012., pp. 103-117.

23 _ Iain. W., 〈Paradoxical Multiculturalism in South Korea〉, 《Asian Politics & Policy》, 4(2), 2012., pp. 233-258.

24 _ Ji-Hyun Ahn, 〈Global migration and the racial project in transition: institutionalizing racial difference through the discourse of multiculturalism in South Korea〉, 《Journal of Multicultural Discourses》, 8(1), 2013., pp. 29-47.

25 _ 안상수 외 2인, 〈국민 다문화수용성 조사 연구〉, 한국여성정책연구원, 2012.

26 _ 김면 외 2인, 〈문화다양성 실태조사 보고서〉, 문화체육관광부, 2017.

27 _ 한국여성정책연구원, 〈2018년 국민 다문화수용성 조사〉, 여성가족부, 2018.

28 _ 이종관, 〈외국인 및 이민자 유입이 노동시장에 미치는 영향〉, 《정책연구시리즈》, 한국개발연구원, 2020.

29 _ Wise. R. D., 〈The migration and labor question today: Imperialism, unequal development, and forced migration〉, 《Monthly Review》, 64(9), 2013., p. 25.

30 _ 김성일 외 8인, 《다문화사회의 이해: 9가지 접근》, 태영출판사, 2012.

31 _ 하켄크로이츠는 세계 대전 당시 나치 독일이 사용했던 상징이다.

32 _ Pitcher. B., 〈Race and capitalism redux〉, 《Patterns of Prejudice》, 46(1), 2012., pp. 1-15.

33 _ Smedley. A., 〈ORIGIN OF THE IDEA OF RACE〉, Anthropology Newsletter, 1997.11.

34 _ Reed. A. Jr., 〈Marx, race, and neoliberalism〉, 《New Labor Forum》, 22(1), 2013.

35 _ Khan, H., 〈On Capitalism and Racism〉, E-International Relations, 2016.

36 _ Yoon-Kyung Lee, 〈MIGRATION, MIGRANTS, AND CONTESTED ETHNO-NATIONALISM IN KOREA〉, 《Critical Asian Studies》, 41(3), 2009., pp. 363-380.

37 _ Mynott, E., 〈Chapter: Nationalism, racism and immigration control〉, 《From Immigration Controls to Welfare Controls》, Routledge, 2002.

38 _ Dennison, J., and Geddes, A., 〈A rising tide? The salience of immigration and the rise of anti-immigration political parties in Western Europe〉, 《The political quarterly》, 90(1), 2019., pp. 107-116.

39 _ Gough, J., 〈Brexit, xenophobia and left strategy now〉, 《 Capital & Class》, 41(2), 2017., pp. 366-372.

40 _ 케인스주의는 사회 자유주의와 관련한 거시경제학 분파다. 시장은 완벽하지 않으며 불균형 상태일 수 있고, 이 경우 정부가 시장에 개입하여 교정해야 한다는 시각이다. 시카고 학파와 대립을 이룬다.

41 _ Hudis, P., 〈Racism and the Logic of Capital: A Fanonian Reconsideration〉, 《Historical Materialism》, 26(2), 2018., pp. 199-220.

42 _ Kymlicka, W., 《Multicultural citizenship: A liberal theory of minority rights》, Clarendon Press, 1995.

43 _ Fozdar, F. and Low, M., 〈They have to abide by our laws… and stuff': ethnonationalism masquerading as civic nationalism〉, 《Nations and Nationalism》, 21(3), 2015., pp. 524-543.

44 _ Csergő, Z., 〈Ethno-nationalism and the Subversion of Liberal Democracy〉, 《Ethnopolitics》, 17(5), 2018., pp. 541-545.

45 _ Žižek. S., 〈Multiculturalism, or, the cultural logic of multinational capitalism〉, New Left Review, 1997.

46 _ Robinson. W., and Santos. X., 〈Global capitalism, immigrant labor, and the struggle for justice〉, 《Class, Race and Corporate Power, 2(3), 2014., pp. 1-16.

47 _ Hahm Hanhee, 〈Migrant Laborers As Social Race In The Interplay Of Capitalism, Nationalism, and Multiculturalism: A Korean Case〉, 《Urban Anthropology and Studies of Cultural Systems and World Economic Development》, 43(4), 2014., pp. 363-399.

48 _ Lim. TC, 〈South Korea as an 'Ordinary' Country: A Comparative Inquiry into the Prospects for 'Permanent' Immigration to Korea〉, 《Journal of Ethnic and Migration Studies》, 38(3), 2012., pp. 507-528.

49 _ Joppke. C, 〈Why liberal states accept unwanted immigration〉, 《World politics》, 50(2), 1998., pp. 266-293.

50 _ 설동훈, 〈국제 노동력 이동과 외국인 노동자의 시민권에 대한 연구: 한국·독일·일본의 사례를 중심으로〉, 《민주주의와 인권》, 2007.10., 369-420쪽.

51 _ 문준조, 〈주요 국가의 외국인이주노동자의 지위와 규제에 관한 연구〉, 한국법제연구원, 2007.10.

52 _ Hye-Kyung Lee, 〈An overview of international migration to South Korea〉, 《Social Transformation and Migration》, 2015., pp. 81-95.

53 _ Gyu-Chan Kim, 〈Migration transition in South Korea: Features and factors〉, 《OMNES: The journal of multicultural society》, 8(1), 2017., pp. 1-32.

북저널리즘 인사이드          좋은 게 좋다는
                                    착각

직원 대부분이 외국인인 비스트로에서 근무한 적이 있다. 스페인, 베트남, 모로코, 인도네시아, 프랑스, 아르헨티나 등 출신 국가도 다양했다. 당시엔 비자에 무지했기에 이들이 어떤 체류 자격으로 근무하는지 알 길이 없었다. 요식업은 팀워크가 중요하다. 국적과 인종, 언어가 달랐음에도 비스트로에 걸맞은 서비스를 내보여야 했기에 우리는 서로의 손과 발이 되어 줬다. 같은 목표와 수고로움 아래 스테레오 타입이나 체류 자격이 개입할 공간은 없었다.

늘 에스프레소를 부탁하던 수셰프 친구는 모로코 출신이었다. 때가 되어도 저녁 식사를 하지 않길래 왜 그런지 물어본 적이 있다. 그는 라마단 중이라고 했다. 한번은 탈의실에 들어갔는데 뭔가 바닥에 떨어져 있는 것을 찾듯 바짝 엎드린 그 친구의 모습을 보고 뭘 찾냐며 말을 걸었다. 대답도, 미동도 없던 그 친구의 맨발과 바닥에 깔린 카펫을 보자 아차 싶었다. 그는 기도를 드리고 있었다. 기도가 끝난 후 미안했다고 하니 괜찮다고 웃어넘겼다. 그는 그런 친구였다.

이름을 알기도 전에 그를 '무슬림'이라고 생각했다면 색안경 없이 볼 수 있었을까. 다문화는 다양한 경로로 사람들과 만난다. 비스트로에서의 경험은 다문화주의로 다가왔다. 한편 우리 사회의 숱한 외국인 혐오를 들여다보면 다문화가 꼭 다문화주의로 안착하지 않음을 쉽게 알 수 있다. 원주민의 일자리를 위협하는 자들로, 우리 동네의 문화를 어지럽히는 자들로, 공중도덕을 해치는 자들로. 다문화는 상황에 따라 동화주의로, 문화적 다원주의로, 혹은 반이민 정서로 다가간다.

다문화주의는 인류애의 자손이고 기본권의 자녀다. 따라서 다문화주의가 표방하는 윤리적 가치는 쉽게 성역화된다. 비슷하게 한국은 보편적으로 자유주의를, 정치적으로 민주주의를, 경제적으로 자본주의를 따르며 국제적 규범 전쟁 속에서도 이를 대체할 것이 없다는 사고가 사회적으로 내재해 있다. 시장 경제의 문제를 짚는 순간 친중이 되고, 민주주의의 문제를 짚는 순간 북풍을 맞는다. 한국은 냉전의 희생양이고 이런 아픔에 민감하다. 순혈주의가 사라져 가는 한국에서 다문화주 역시 그 고결함으로 많은 질문을 덮는다. •

근본적 문제를 외면하면 다문화 정책은 응급 처치에 그친다. 이주자와 다문화 가정은 앞으로 더 늘어날 것이고 이들과 한국 사회와의 마찰은 포용이냐, 배척이냐의 양자택일 문제가 아니다. 인류애의 가치와 인종주의의 싸움도 아니다. 우리는 왜 파독 간호사와 광부를 보냈으며, 이주 노동자와 결혼 이주자는 왜 한국에 오게 되었는가. 저자는 다문화 국가의 문턱에 놓인 한국이 애써 외면하는 것은 비가역적인 글로벌 자본주의의 조류라고 꼬집는 듯하다. 한국의 다문화 정책은 계층의 구조적 고착화를 해결하지 않으면 계속해 미봉책에 그

칠 것이라는 날 선 충고다.

정책은 사각지대가 없어야 한다. 보기 싫은 부분도 봐야 한다. 좋은 게 좋다는 것은 달콤한 착각이다. 다문화주의는 더 좋은 토양에서 얻을 수 있는 열매다. 일찍이 이민자의 국가로 구성된 캐나다, 미국과 같은 나라에서조차 인종과 에스니시티를 둘러싼 잡음이 끊이지 않는다. 한국은 단일 민족 국가여서가 아니라 저성장 시대에 신음하는 자본주의 국가로서, 4차 산업혁명과 고령화의 값을 합리적으로 치러야 하는 선진국으로서 새로운 형태의 다문화 쇼크를 겪고 있다. 모두가 그 비스트로에서 만났다면 축복받을 다문화 세계 속에 깨지 않을 꿈을 꿨을 것이다. 지금은 이루지 못해 아픈 꿈이다.

이현구 에디터